话说 内蒙古

赤峰

喀喇沁旗

申国军 ◎ 编著

内蒙古人民出版社

图书在版编目 (CIP) 数据

话说内蒙古·喀喇沁旗 / 申国军编著 . —呼和浩特：
内蒙古人民出版社，2018.7
ISBN 978-7-204-15355-8

Ⅰ . ①话… Ⅱ . ①申… Ⅲ . ①喀喇沁旗－概况 Ⅳ .
① K922.6

中国版本图书馆 CIP 数据核字 (2018) 第 079896 号

话 说 内 蒙 古 · 喀 喇 沁 旗
HUASHUO NEIMENGGU KALAQINQI

丛书策划	吉日木图　郭　刚
策划编辑	田建群　张　钧　南　丁　王　瑶　贾大明
本册编著	申国军
责任编辑	李月琪
责任监印	王丽燕
封面设计	南　丁
版式设计	朝克泰
丛书名题字	马继武
蒙古文题字	哈斯毕力格
出版发行	内蒙古人民出版社
地　　址	呼和浩特市新城区中山东路 8 号波士名人国际 B 座 5 楼
网　　址	http://www.impph.cn
印　　刷	内蒙古恩科赛美好印刷有限公司
开　　本	710mm×1000mm　1/16
印　　张	21
字　　数	330 千
版　　次	2021 年 2 月第 1 版
印　　次	2021 年 2 月第 1 次印刷
印　　数	1—4000 册
书　　号	ISBN 978-7-204-15355-8
定　　价	84.00 元

图书营销部联系电话：（0471）3946267 3946269
如发现印装质量问题，请与我社联系。联系电话：（0471）3946120 3946124

《话说内蒙古·喀喇沁旗》编委会

主　　编：高希华　张国华

副 主 编：王晓军　张　华　赵小峰

执行主编：高希川　李秀华　巴易尘

成　　员：申国军　汪中有　乌力吉　于学双　国占云

　　　　　侯　志　吴汉勤　宋文辉

统　　筹：刘　泷

总 序

内蒙古自治区成立于1947年5月1日，是中国共产党领导下成立的第一个省级少数民族自治区。全区辖9个地级市、3个盟(合计12个地级行政区划单位)，23个市辖区、11个县级市、17个县、49个旗、3个自治旗(合计103个县级行政区划单位)，首府呼和浩特市。

内蒙古位于祖国正北方，地跨东北、华北、西北地区，东西直线距离2400多公里，南北跨度1700多公里，总面积118.3万平方公里。广袤的土地蕴藏着丰富的自然资源，为内蒙古提供了广阔的发展空间。森林、湿地、平原、草原、沙漠等类型丰富的地貌，孕育了独特的旅游资源和动植物资源；多样化气候、充沛的水源、肥沃的农田、丰美的草场等资源优势和绿色优势，为现代化农牧业的快速发展创造了得天独厚的条件；丰富的煤、稀土等矿产资源和风力等清洁能源，为煤化工产业、有色金属产业、清洁能源产业等的发展壮大提供了有力支撑。内蒙古内与八省区相邻，外与俄罗斯、蒙古国接壤，国界线长达4200多公里，有建成我国向北开放的重要桥头堡和充满活力的沿边经济带的天然区位优势。

自古以来，内蒙古始终是不同民族交往交流交融的沃土，是不同文化碰撞融合的舞台，在相互融合、相互促进中，各族群众共同开拓了祖国辽阔的疆域，共同书写了祖国辉煌的历史，共同创造了灿烂的文化，共同培育了以爱国主义为核心的伟大民族精神。党的十八大以来，内蒙古自治区围绕贯彻落实习近平总书记重要讲话重要指示批示精神，全面深入持久开展民族团结进步创建工作，促进各民族交往交流交融，推动新时代继续保持"模范自治区"的崇高荣誉。

在漫长的历史进程中，内蒙古各族群众创造了丰富多彩的地域文化，成为祖国灿烂文化的重要组成部分。爬山调、漫瀚调、蒙古族长调等传统音乐，脑阁、双墙秧歌、顶碗舞等民间舞蹈，二人台、东北二人转、达斡尔乌钦等传统戏剧曲艺，格萨（斯）尔、王昭君传说、敖鲁古雅鄂温克族神话等民间文学，蒙医药、科尔沁正骨术、蒙医熏鼻疗法等传统医药医术，桦树皮制作、达斡尔车制作、莜面制作等传统技艺……内蒙古在保护好、传承好、利用好这些优秀传统文化的同时，也在促进各民族交往交流交融、增进民族团结和维护中华文化多样性和创造性等方面作出了突出贡献。

70多年来，在中国共产党的正确领导下，在党的民族政策的光辉照耀下，内蒙古各族人民沿着中国特色社会主义道路不断前进，经济发展实现历史性跨越，社会事业实现长足发展，民族文化强区建设迈出坚实步伐，社会主义民主法治建设稳步推进，生态环境质量显著改善，取得了举世瞩目的发展成就，谱写出波澜壮阔的历史篇章。

为展示我区经济发展、社会进步、文化繁荣、民族团结、边疆安宁、生态文明、人民幸福的亮丽风景线，我们组织全区103个旗县（市辖区）的有关部门和专家学者，将各地在历史沿革、自然风光、民俗文化、民间艺术、社会经济发展等方面的资料汇编在一起，编纂了这套能够展示内蒙古总体面貌、反映时代特色和民族文化强区风范的大型丛书——《话说内蒙古》。

一套书，一支笔，不足以穷尽内蒙古的方方面面。《话说内蒙古》丛书为你了解内蒙古打开一扇窗，若你想对内蒙古有更深入的了解，读万卷书不如行万里路，来内蒙古吧！内蒙古将以最饱满的热情迎接你！

序

喀喇沁旗位于蒙、冀、辽三省区交界处，地处赤峰市西南部，毗邻赤峰新城区，旗政府所在地锦山镇。全旗总面积3050平方公里。

喀喇沁地区人文底蕴深厚，历史悠久。这里有距今9000～8500年新石器时代早前期，中国北方新石器时代的创始期文化即兴隆洼文化的直接源头——马架子遗址；有距今8500～7000年新石器时代早后期，中国北方新石器时代早期的代表性文化即赵宝沟文化和红山文化的主要源头——兴隆洼文化。早在七八千年前，境内的原始先民就已经过着以原始农耕为主，兼营渔猎和畜牧的定居生活。进入夏朝以来，喀喇沁大地先后为山戎、东胡、匈奴、乌桓、鲜卑、奚、契丹、汉、女真、蒙古诸民族领地。

今喀喇沁地区，西周之初，由山戎控制，东北为肃慎地，西为鬼方地，南有孤竹、燕蓟和北戎。秦始皇二十六年（前221年），秦灭六国，建立中央集权制的统一封建帝国后，归秦右北平郡。东汉时，初属乌桓、鲜卑，后尽属鲜卑。魏晋时期，初属鲜卑，后属前燕，而后归前秦平州昌黎部。南北朝时期，属库莫奚（后称奚），至唐代，为契丹、奚活动地，属饶乐都督府和松漠都督府。辽代，属中京大定府。金代，属北京路大定府。元代，西部属上都路，东部属大宁路。明初，属大宁都司，后为兀良哈三卫地。

后金天聪九年（1635年）立喀喇沁右旗。民国时期，喀喇沁右旗属热河特别区和热河省。1944年4月，承平宁联合县建立了第八区，喀喇沁旗地域为第八区。1945年10月，改喀喇沁右旗为建平县，县政府驻地平庄。1946年2月，划建平县西部置喀喇沁右旗，旗政府驻地王爷府。3月7日，在喀喇沁右旗设建西县，蒙汉分治，旗县并存。9月，在建平县西部置建中县，县政府驻平庄。1947年11月，建中县并入建西县，设喀喇沁右旗建西县联合政府，驻地王爷府。1948年3月，旗县政府迁至公爷府。同年11月，热中专署撤销，喀喇沁右旗建西县归热河省直辖。1949年3月，根据热河省委决定，旗、县联合政府改为喀喇沁旗政府。1949年5月，改为喀喇沁旗人民政府。

中华人民共和国成立后，喀喇沁旗归热河省管辖。1956年1月1日，热河省撤销，喀喇沁旗归内蒙古自治区昭乌达盟管辖。1969年7月5日，随昭乌达盟划归辽宁省管辖。1979年7月1日，重新划归内蒙古自治区。1983年11月，昭乌达盟建制撤销，改为市管县体制，成立赤峰市，喀喇沁旗归赤峰市管辖至今。

喀喇沁旗气候温和、植被茂盛、山川秀美，有"七山二水一分田"之说。全旗森林覆盖面积48.75%，位居赤峰第一位。这里有驰名塞外的"塞外黄山"——马鞍山，为国家AAA级旅游景区，苍松古树、怪石云海；有旺业店国家森林公园，集高山、森林、草甸、谷地等诸多景观于一身，风光旖旎，韵味独具；美林谷滑雪场，被誉为"东方雪源圣地"，春来踏青，夏游园林，秋赏山色，冬享滑雪，是喀喇沁"四季旅游好地方"的靓丽名片！

这里，地灵人杰。者勒蔑第25世孙、喀喇沁右旗第十四任世袭札萨克多罗杜棱郡王（亲王衔）贡桑诺尔布，大力兴办教育，开漠南蒙古近代教育之先河，为喀喇沁经济、文化和社会发展做出了巨大贡献；"蒙古族毕昇"，中国近代著名蒙文铅字发明家、出版家、翻译家和学者特睦格图，创制了中国的蒙文铅字、满文铅字、藏文铅字，完成了少数民族文字活版铅字印刷的重大历史创造，为我国蒙古民族出版事业和中华民族文化的传播做出了重大贡献；特木尔巴根、乌勒吉敖喜尔、郝瑞廷、王桂兰等革命志士和英烈，为"喀喇沁"增添了耀眼夺目的红色光辉！

昔日喀喇沁，星空璀璨；今日喀喇沁，经济转型方兴未艾。喀喇沁旗认真践行创新、协调、绿色、开放、共享五大发展理念，依托生态、区位、文化、交通等优势，积极构建新的绿色支柱产业，着力打造立足赤承、面向京津的休闲度假基地、乡村旅游胜地和健康养生中心；围绕实施农牧业"3661"工程，大力发展设施农业、养殖业和林果业，积极培育新型农牧业生产经营主体，深入推进农牧业供给侧结构性改革，全力创建全国农产品质量安全示范旗县；积极融入赤峰东部工业走廊建设，全力推动赤峰云铜退城入园，坚定不移推进新型工业化；围绕实现"两不愁、三保障"和农民稳定增收，全力以赴打赢脱贫攻坚战；围绕推动"七网"和"七大通道"建设，不断完善城乡基础设施；坚持改革发展成果人民共享，大力发展文化教育、医疗卫生等各项社会事业，努力开创和谐稳定的社会新局面。

按照"南展北拓，西移东扩"的城市发展思路，以建设"山水园林、生态宜居、休闲旅游"为目标，喀喇沁旗持续加大锦山城镇化建设力度，积极推进赤喀同城化发展，倾力打造北方山水园林城。先后建起了锡伯河水上公园、锦山市民广场、湖滨体育公园、锦山文化艺术中心等精品市政工程，打造了镇区"十分钟半径休闲圈"，城区基本形成了"三横六纵一环"的主体框架。锦山镇先后被授予"全国文明县城""全国环境优美镇""全区小城镇建设示范镇""自治区卫生城""自治区园林县城""自治区十大魅力名镇"荣誉称号。大力推进社会主义新农村建设，雷营子、黑山沟等一批全区美丽乡村建设示范村相继涌现，实现了提升与发展相济，美丽与富裕共赢。

秉历史遗韵，乘时代东风，喀喇沁旗正在富民强旗、建设小康社会的康庄大道上阔步前进！

中共喀喇沁旗委书记 高希华

喀喇沁旗人民政府旗长 张国华

2016年12月

目录 Contents

鬼斧神工

民间传说

回望历史

HUASHUONEIMENGGUkalaqinqi

回 望 历 史

HUIWANGLISHI

喀喇沁旗位于蒙、冀、辽三省区交界处，全旗总面积3050平方公里，人口34.9万人。喀喇沁地区人文底蕴深厚，早在七八千年前，境内的原始先民就已经过着定居生活。

喀喇沁史略

从2亿多年以前开始，到恐龙主宰的时代结束，"燕山运动"完成了它的代表作——燕山山脉。因为强大力量的剧烈挤压，它高高隆起的褶皱峻峭而绵长。

在"燕山运动"的影响下，加之西伯利亚板块的挤压、相撞，又经过"喜马拉雅运动"和"加里东"地壳运动中形成的大兴安岭褶皱带，也完成了它的基本造型——低矮浑圆，气势磅礴。

在燕山北麓和大兴安岭西南端夹角之间形成的浅山丘陵地带，气候温和，植被茂盛，灌木杂草丛生，森林面积广阔，为古人类的生存和

大兴安岭

3

发展提供了优越条件和广阔空间。这里最晚在8500年前就有了人类活动的痕迹。这里，有"华夏第一村"；这里，被誉为"龙的故乡"。这就是内蒙古自治区赤峰市。

喀喇沁旗位于赤峰市南部，地处蒙、辽、冀三省区交汇处，东与辽宁省建平县相邻，南与赤峰市宁城县毗邻，西与河北省围场县、隆化县交界，北与赤峰市松山区、红山区接壤，距赤峰市38公里，距北京市380公里，大广高速公路穿旗政府所在地锦山城区而过，可谓京畿要地。

八千年历史

喀喇沁地区历史灿烂悠久。已发现的田野文物就有600多处，有距今9000～8500年新石器时代早期，中国北方新石器时代的创始期

石锄（兴隆洼文化）

新石器时代青玉斧

锡伯河中下游东岸兴隆洼文化的直接源头马架子遗址

杨家营子兴隆洼文化遗址

二道营子赵宝沟文化遗址

马架子北山夏家店下层青铜器早期文化遗址

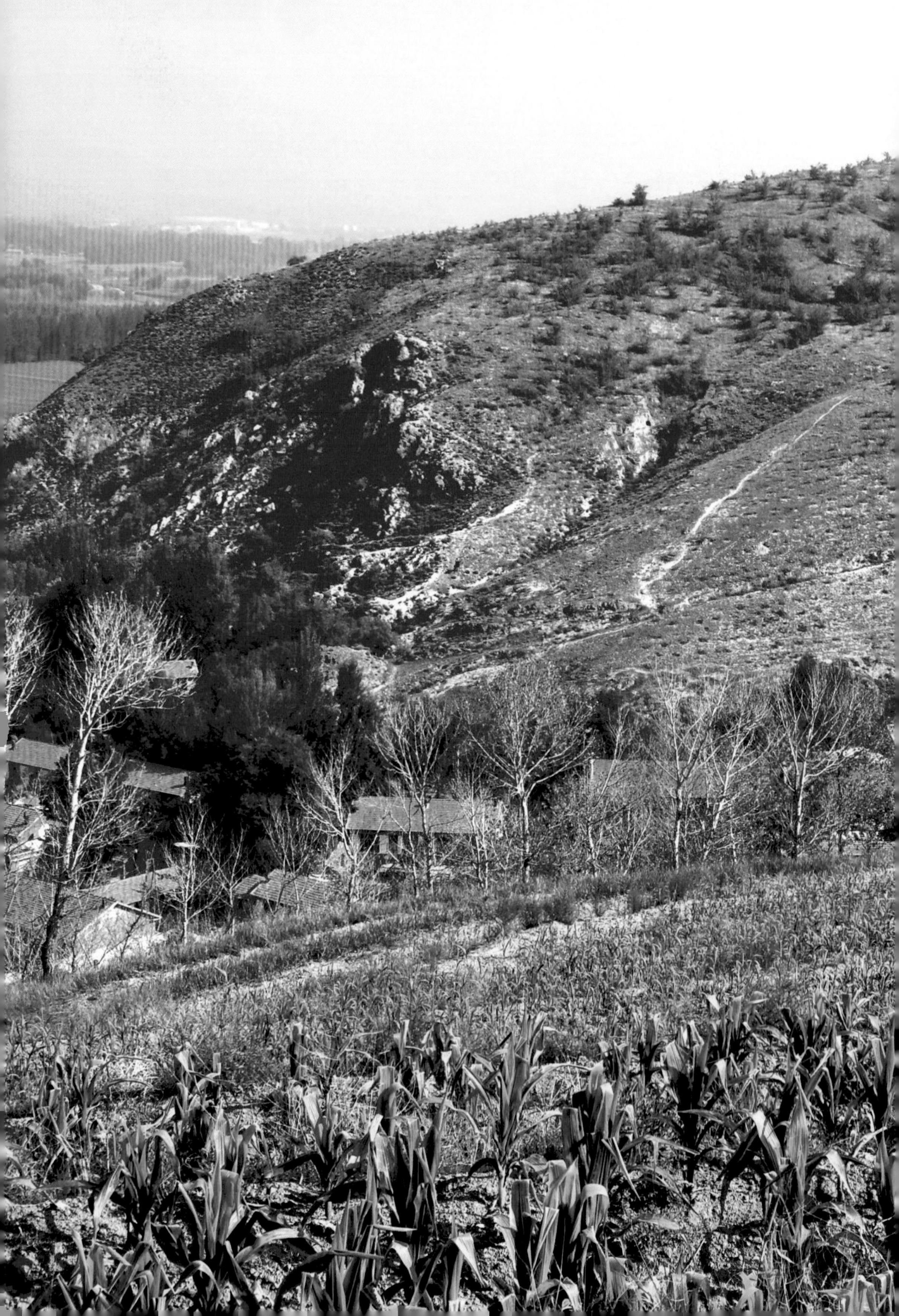

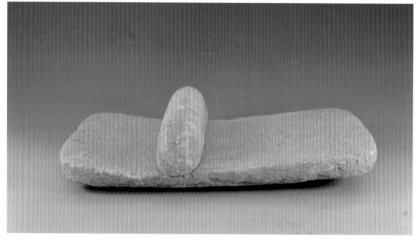

石磨盘、磨棒（红山文化）

石锄（兴隆洼文化）

代表性文化，即赵宝沟文化和红山文化的主要源头——兴隆洼文化；有距今7500～6500年新石器时代中前期，中国北方新石器时代耜耕农业文化的早期代表，即红山文化的旁系源头，兴隆洼文化晚期至红山文化早期的赵宝沟文化；有距今7000～5000年新石器时代中后期，中国北方新石器时代耜耕农业文化

文化即兴隆洼文化的直接源头；有距今8500～7000年新石器时代早后期，中国北方新石器时代早期的

龙头山红山文化遗址

牛头沟门北梁红山文化遗址积石冢远景

马架子山夏家店下层文化遗址群

的繁荣期小河沿文化的主要源头红山文化等遗址。距今 4500 年的新石器时代晚期、北方青铜器时代早期的夏家店下层文化遗址的发现和考古发掘出的石器、骨器、陶器、青铜器等生产生活器物证明，早在七八千年前境内的原始先民就已经过着以原始农耕为主，兼营渔猎和畜牧的定居生活。

进入夏朝以来，喀喇沁大地先后为山戎、东胡、匈奴、乌桓、鲜卑、奚、契丹、汉、女真、蒙古诸民族领地。各民族共同创造了喀喇沁灿烂悠久的历史文化。

彩陶尊（小河沿文化）

9

地理沿革

今喀喇沁地区，西周之初，由山戎控制；东北为肃慎地，西为鬼方

刘家店燕长城遗址

地，南有孤竹、燕蓟和北戎。

公元前221年，秦灭六国，建立中央集权制的统一封建帝国后，归秦右北平郡。东汉时，初属乌桓、鲜卑，后尽属鲜卑。魏晋时期，初属鲜卑，后属前燕，而后归前秦平州昌黎部。南北朝时期，属库莫奚（后称奚）。唐代，为契丹、奚活动地，属饶乐都督府和松漠都督府。辽代，属中京大定府。金代，属北京路大定府。元代，西部属上都路，东部属大宁路。明初，属大宁都司，后为兀良哈三卫。

米家营子（汉长城）壕堑遗址

北山根汉代古城遗址

喀喇沁旗境内出
土的唐代锤揲鎏金錾
花狮纹银盘

旺业甸张家营子石泉子沟古战场遗址

喀喇沁旗的由来和建制沿革

自后金天聪二年（1628年）喀喇沁部与后金议和后，后金天聪九年（1635年）夏历二月六日（公历3月24日），将喀喇沁部与内地蒙古二旗混合改编为蒙古外三旗、内八旗，喀喇沁部领主苏布地之子固噜思奇布领喀喇沁旗。后金天聪十年、清崇德元年（1636年），札萨克旗制度正式建立，固噜思奇布受封固山贝子，被赐号多罗杜棱，标志着喀喇沁札萨克旗建立，固噜思奇布为首任札萨克。喀喇沁旗后来被分为三个旗：固噜思奇布及其后裔所领的部分，为喀喇沁右翼旗；色棱（苏布地的叔叔）于清顺治五年（1648年）被封为镇国公，他所领的部分为喀喇沁左翼旗；清康熙四十四年（1705年），将喀喇沁右翼旗南部划出，另立一旗，为喀喇沁中旗，万丹伟征（苏布地之弟）之曾孙格呼勒为首任札萨克。

清崇德四年（1639年），清廷对蒙古推行盟旗制度，由喀喇沁右旗、喀喇沁左旗、土默特右旗、土默特左旗编成卓索图盟，会盟地点为卓索图川（今辽宁省朝阳市朝阳县木头城子镇境内）。

喀喇沁旗自崇德元年（1636年）实行旗制后，就在自己的游牧地（今辽宁省建平县喀喇沁镇境内的白彦高洛）建半游牧半定居的札萨克衙门和固山贝子府邸；康熙七年（1668年）追叙祖功，加封班达尔沙为郡王后，于康熙九年（1670年）将札萨克衙门和郡王府邸迁移至龙头山脚下（现喀喇沁旗锦山镇龙山村）；康熙五十七年（1718年），经御批，将札萨克衙门迁至现锦山镇花山脚下；乾隆二十二年（1757年）喇特纳锡第为更好供职于木兰围场，又将札萨克衙门和郡王府邸迁于柏山脚下（现王府博物馆西院）；乾隆四十八年（1783年）因喇特纳锡第多年供职有功，特赐亲王品级，于本年在现址（现王府博物馆院）建札萨克衙门和亲王府邸。

固噜思奇布像

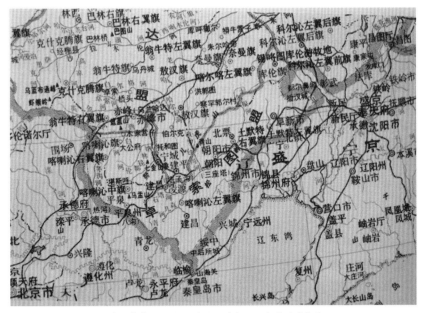

清朝卓索图盟地图（源于《中国历史地图集》）

　　喀喇沁右旗从首任固噜思奇布　　十二任郡王，六任亲王品级。
至贡桑诺尔布共有十四任札萨克，

世守漠南

喀喇沁亲王府

喀喇沁亲王府，是清代喀喇沁右旗札萨克王的府邸。清代喀喇沁右翼王府原为郡王府。自乾隆四十八年（1783年）第六任郡王喇特纳锡第晋封为亲王衔开始，直至民国元年（1912年）第十二任郡王贡桑诺尔布晋封为亲王，其中除一任札萨克（端珠布色布腾）是郡王未加亲王衔外，其余都是郡王加亲王衔，故府邸称为亲王府。从严格意义上来说，亲王府前四层院为札萨克衙门（旧官署办公场所），后边的承庆楼和东侧属于亲王府邸（即居住区和生活区）。

府邸坐北朝南，北枕林木葱郁的柏山，南临碧波荡漾的锡伯河。原占地面积300余亩，有房屋400余间。建筑群分为府前广场、中轴区、东西跨院和后花园，布局精巧，结构严谨，雄伟壮观，

喀喇沁亲王府

集塞北地区、蒙古民族、藏传佛教三大建筑特色于一体，是内蒙古地区典型的清代宫廷式建筑群。其规模之大，在清代内蒙古 49 旗蒙古王公的府邸中首屈一指，为内蒙古地区尚存的年代悠久、封爵等级最高、建筑规模最大、距离北京最近、保存最为完好且最具有纪念意义和文物价值的一座清代蒙古王府。1996 年 12 月，由喀喇沁旗人民政府批建为喀喇沁旗清代蒙古王府博物馆；2001 年 6 月 25 日，被国务院公布为第五批全国重点文物保护单位。2005 年 12 月 22 日，被评为国家 AAAA 级旅游景区；2006 年被评为内蒙古自治区十大历史名胜之一和"全国 56 个最具民族特色旅游景区"。

民国时期，喀喇沁右旗1914年划归热河特别区，1928年属热河省。1931年9月18日，日本侵占了中国东北三省及热河、内蒙古东部重要城镇和铁路沿线。翌年3月1日，宣布成立"满洲国"，喀喇沁右旗归热河省统辖。1943年5月，中共冀东第十三地委建立承（德）平

今日喀喇沁锦山城区一角

（泉）宁（城）联合县工委和办事处。
1944 年 4 月，承平宁联合县建立了
第八区，喀喇沁旗地域为第八区。
1945 年 10 月改喀喇沁右旗为建平

县，县政府驻地平庄。1946 年 2 月，
划建平县西部置喀喇沁右旗，旗政
府驻地王爷府。3 月 7 日，在喀喇沁
右旗设建西县，蒙汉分治，旗县并存。

湖滨公园

9月，在建平县西部置建中县，县政府驻平庄。1947年11月建中县并入建西县，设喀喇沁右旗建西县联合政府，驻地王爷府。1948年3月，旗县政府迁至公爷府。同年11月，热中专署被撤销，喀喇沁右旗建西县归热河省直辖。1949年3月，根据热河省委决定，旗、县联合政府改为喀喇沁旗政府。1949年5月，改为喀喇沁旗人民政府。

中华人民共和国成立后，喀喇沁旗归热河省管辖。1956年1月1日，热河省撤销，喀喇沁旗归内蒙古自治区昭乌达盟管辖。1969年7月5日，随昭乌达盟划归辽宁省管辖。1979年7月1日，重新划归内蒙古自治区。1983年11月，昭乌达盟建制撤销，改为市管县体制，成立赤峰市，喀喇沁旗归赤峰市管辖至今。

市民文化广场

契丹（辽）对喀喇沁
地区的经营

916年，耶律阿保机在龙化州(今通辽市科尔沁区）正式称帝，建立了以契丹贵族为核心的政权，国号契丹，建元神册。神册三年(918年），在今赤峰市巴林左旗林东镇南，建立永久性都城（辽上京）。会同十年（947年）辽太宗改国号为辽。乾亨五年、统和元年（983年），辽圣宗改国号为大契丹。咸雍二年（1066年），辽道宗恢复国号为大辽。

耶律阿保机建国前，契丹的历史已有五百余年，这五百余年中，

耶律阿保机画像

契丹基本驻牧于西拉沐沦河与老哈河流域。其中从903年至911年，耶律阿保机用了8年时间把奚族并入契丹，今喀喇沁地区已完全在契丹政权之中了。

随着向周边的不断扩张，辽朝吸纳了大量其他民族的人口，其中汉族人和渤海人的生产和生活方式与契丹人迥然有异，他们"耕稼以食，桑麻以衣，宫室以居，城郭以治"。为有效地管理这部分人，辽朝采取南北分治，"以国制治契丹，以汉制待汉人"的方式，实行"因俗而治"方针，采取了与管理契丹及其他游牧民族不同的方式，保留他们原来的政治组织，实行府、节镇—刺史州—县三级行政制度。

现喀喇沁旗西桥镇恩州村的"七家古城"，在当时就具有了这样的功能。

恩州的"七家古城"

西桥镇恩州村村委会南100米处有一古城遗址，叫"七家古城遗址"，因恩州村曾叫"七家村"而得名。

古城坐落在坤兑河北岸的冲积平原上。卫星地图显示，该城址大略为正方形，细看，东边比西边稍长一点。《喀喇沁旗志》记载，七家古城"边长约二百五十米"。古城城墙夯土版筑，南、北、西三面墙尚存，东墙早已被夷为平地（但有痕迹）。西墙保存较好，高5米，其余的仅存1～3米。墙基宽10余米，顶宽2～3米。城内地势西高东低，除西南隅残存少量建筑遗址外，其余均辟为耕地。城外西北约200米处，半个世纪之前曾有一个圆形大土堆，直径约10余米，高3米多。相传，此土堆是该城的点将台。遗憾的是，20世纪60年代，这里曾被作为作生产队队部，因常年取土垫圈，至20世纪70年代末已彻底消失。

经旗文物部门认证，"七家古城始建于汉代，为汉代边城。"据民间传说，汉代之后，大刀王怀女曾把它作为占山为王、割据一方的寨城。另有学者说，辽代在这里设过恩州。辽代恩州，为辽太宗德光所建，初为头下州，再为宫州，辽中期之后转为行政州。

七家古城遗址（东南角）

七家古城遗址

辽太宗，汉名耶律德光，契丹名耶律尧骨。终辽一代，共设州二百余个，以其性质可分为三类：一类是国家州，承担某一地区行政管理事务。如早期的龙化州以及后建的皇都（上京）、东京（辽阳）等。另一类是宫州，属皇帝、皇后的私人领地。如太祖名下的霸州、锦州、檀州、银州，述律太后名下的仪坤州等。第三类是宗室、后族建的头下州（投下州），亦属私人领地。如越王城、豪州、宜州、白川州等。恩州，为天赞二年（923 年）耶律德光任天下兵马大元帅时所建。因太宗主张"民为本"，故名"恩州"。

辽代的州、军、军州三种形式并存，其根本区别在于内部构成不同。如，不设军的州，仅称其为州；独立设军的称之为军；州内设军的称为军州。故恩州为军州。《辽史·地理志》载："恩州，怀德军。"恩，恩德之意；怀德，即怀念恩德。"恩"与"怀德"意义相近。

辽代的州，按行政级别可分为节度、观察、团练、防御、刺史五类州。其中节度州、刺史州又细分上、中、下三等。《辽史·地理志》载："恩州，……下，刺史。"就是说，恩州，属于刺史州，而且是刺史州中的下等州。

设置头下州，主要是把掠掳来的燕赵汉民、渤海民以及部分沙陀、党项、女真等民户，迁入契丹地域头下州，进行管理，是契丹建国前后实行的奴隶制度。恩州人户数量大约在两千户左右。

秦德昌（997 ~ 1074 年）、贾师训（1032 ~ 1096 年）、萧孝恭（1038 ~ 1081 年）曾分别在恩州任刺史、军事判官和同知之职。

沈括见证恩州

沈括(1031～1095),字存中,杭州钱塘人。沈括自幼勤奋好读,33岁(1063年)中进士。先后任过沭阳县主簿、宁润县令、扬州司理参军、三司使、提举司天监、集贤院校理、翰林院侍读学士、翰林学士、宣州知州、知延州、龙图阁直学士等。精通天文、数学、物理学、化学、生物学、地理学、农学、医学,是杰出的科学家、军事家、政治家,也是出色的外交家。

景德元年(1004年)确立的澶渊之盟,使宋辽双方进入了和平友好的新阶段。客观地说,辽圣宗后期认真践行了盟约,对宋是友好的。但是到兴宗中期,其欲望开始膨胀,摩擦再起。宝元元年(1038年),李元昊称帝,建立大夏国(史称西夏),由此引发了宋夏战争。战争正处于难分难解之际,辽向宋提出"关南十县"的领土要求。

庆历二年(1042年),宋王朝在辽国的威逼之下,既不想撤出西线战场,又不愿失去"关南十县",于是提出了两个折中方案:一是宋辽通婚,宋陪嫁数万两白银;二是宋年输辽银、帛各十万两(匹)。两者任辽选其一,如若不成则战争解决。辽国经过权衡认为,即使开战辽国也没有全胜的把握,为此选择了后者。"关南十县"之争,辽国未动一刀一枪,获年收十万银(帛)之利,实为最大的赢家。

"关南十县"之争平息后,宋辽友好,相对稳定了一段时间。至道宗中期,辽王朝的野心又膨胀了。熙宁七年(1074年),辽向宋要求拆毁河东路沿边戍垒,重划蔚、应、朔三州地界。经过两个回合的谈判,解决了蔚、应两州地界之争。第二年,辽

沈括像

又派萧禧使宋，索取朔州南黄嵬山一带土地。萧禧称，河东路黄嵬山一带属辽国土地，被宋国占据多年，必须归还，不然则刀兵相见。宋派大臣韩缜与萧禧谈判，由于韩缜对河东路黄嵬山地理概况不太熟悉，拿不出充足的理由驳倒对方，因此这轮谈判并未得到预想的结果。

熙宁八年（1075年），沈括知此事后主动请缨使辽，与辽大臣杨益戒、耶律寿、梁颖等进行了六轮谈判。沈括以宋辽两国不同时期、不同级别的文件为依据，就黄嵬山的归属与辽方展开了激烈的辩论，辽方在确凿的事实面前不得不舍弃对黄嵬山地域的无理要求。由于沈括的奋力，此次"辽东地界之争"以宋朝取得阶段性胜利而告终。

沈括除圆满完成使辽划界任务之外，还撰写了《入别国录》和《熙宁使虏图抄》两篇回忆录。《入别国录》部分被辑入《续资治通鉴长编》，该文详细记录了沈括与辽朝大臣谈判的过程及内容；《熙宁使虏图抄》被载入《永乐大典》，其中记录了自白沟至中京、中京至永安山三十四道驿馆及沿途的地理概况与风土人情。沈括的两部著作对后人研究辽宋关系、了解辽朝驿道沿途山川地理、人文历史起到了不可估量的作用。

《熙宁使虏图抄》贡献之一是准确地圈定了自中京去临都馆驿道的方位以及临都馆、恩州的具体位置：出中京西北行三十里至中顿，过顿西北行二十里至三肢河，渡河北行二十里至临都馆。临都馆皆平川，驿道至临都馆出歧路：一路（驿道）向北行二十里至中顿……直至上京；另一路"经小坂，自路曲东出七八里，望之可见，曰恩州"。据此，比较容易地找到临都馆的旧址在今小城子镇白音桃海村北，恩州旧址在今西桥镇恩州村。

沈括使辽是在熙宁八年（1075年）四月十八日自雄州入（辽）白沟界，五月二十三日到达上京永安山；五月二十四日至六月四日在永安山停留；六月五日离永安山返程，六月二十九经白沟进入宋界。沈括往返途经临都馆的时间是五月初十和六月十五。沈括查看恩州"临都馆，皆平川。经小坂，自路曲东出七八里，望之可见，曰恩州"的时间即在此两日。

根据目前掌握的史料可知，沈括是宋代到过恩州、并对恩州做出记录的唯一人士，由此称沈括为恩州的见证人。

辽代功臣耶律琮

耶律琮（929～979年），字伯玉；契丹名合住，字粘衮。辽太祖阿保机三弟迭剌之孙。

耶律琮幼年丧父，母亲改嫁，历尽艰辛。会同六年（943年），15岁的耶律琮随太宗南下征后晋，因皇族身份被任命为"先军监师"，连续征战四年，未曾得到任何奖赏。大同元年（947年）耶律琮19岁，因太宗驾崩而解甲归田。世宗、穆宗年间，一直未入仕途。保宁元年（969年），景宗即位。次年，42岁的耶律琮因皇族身份被授予崇禄大夫、检校太保、右羽林军大将军。保宁三年（971年），晋升为右龙虎卫大将军。保宁五年（973年），被任命为昭德军节度使、检校太傅兼涿州刺史，不久又加封左卫上将军。

耶律琮上任后，为阻止宋辽战争，先进入宋地，与雄州将领城下和谈。后给雄州知州孙全兴写信，分析利弊，希望两国停止战争，重修旧好。在耶律琮的努力下，宋开宝八年、辽保宁七年（975年）春开始，双方使者往来不断。史书称此次议和为"雄州议和"。"雄州议和"形成的友好局面一直持续到保

耶律琮墓石刻

耶律琮墓（远景）

宁十一年（979年）末，因宋太宗大举进攻南京而破裂。

狭义地说，五年的南北友好局

耶律琮墓观音经碑

耶律琮墓，在喀喇沁旗西桥镇雷家营子村金洞沟门村民小组东山脚下，北靠大山。墓地由两部分构成，其中之一是台田，台田之南是一组由花岗岩雕成的石刻，由北向南排列的顺序是：一对文官像，一对武官像，一对石虎，两对石羊，观音经碑，神道碑。

面使景宗得到了喘息的机会。因此，景宗视耶律琮为特殊功臣，给以丰厚的待遇。保宁八年（976年）冬，授耶律琮"推忠奉国佐运功臣、镇国军节度使、检校太师、兼侍中"。保宁十一年（979年）春，耶律琮病逝，朝廷追赠兼政事令，官晋一级，并赐纳税户一百八十三户。广义上说，耶律琮的历史功绩，还在于他吸收中原汉族文化、汉族的先进生产技术和生产方式，促进了契丹经济、政治、文化的发展。

兀良哈部和喀喇沁部
蒙古族的发祥

大约距今两千年以前，古代被称为蒙古的那个部落，与另一些突

厥部落发生了内讧，终于引起战争。另一些部落战胜了蒙古族人，对他们进行了大屠杀，使他们只剩下两男两妇。这两家人害怕敌人，逃到

阿兰豁阿塑像

一处人迹罕至的地方，那里四周唯有群山和森林，除了通过一条羊肠小道，历尽艰难险阻可达其间外，任何一面别无途径。在这山中间，有茂盛的草和气候良好的草原。这个地方叫额尔古涅·昆。那两个人的名字为：捏古斯和乞颜。他们和他们的后裔长期留居在这个地方生息繁衍。后来由于人数渐众，他们走出了山谷。

这是14世纪波斯人拉施特《史集》中关于蒙古族发祥的说法。

《蒙古秘史》把它作为蒙古族人起源的传说之一。而且这一"传说"中还说：

他们用七十张牛皮做了鼓风箱，用炼铁的方法熔化悬崖绝壁后，走进了广袤的大地。

屠寄先生认为"蒙兀儿者，室韦之别种也，其先出于东胡。"林幹先生说：

12世纪末、13世纪初兴起的蒙古族来源于蒙兀室韦。室韦为一个庞大的民族共同体，内有东室韦、西室韦、大室韦、蒙兀室韦等若干部，有的史书说它共有九部，亦有说十九部或者二十余部。总之，内部民族成分复杂。其中蒙兀室韦原游牧于望建河（今东北额尔古纳河）流域周围，至9世纪时，西迁至漠北斡难河河源的不儿罕山（今鄂嫩河河源的肯特山）一带驻牧。蒙古族在成吉思汗统一草原各部并正式成为一个民族共同体之前，仅仅是草原众多的各部中的一个部（《辽史》把它写作"萌古部"）。

目前史学界大多持此说。

从拉施特的记载，到史学家们的论述，说明了蒙古族来源于原游牧于望建河流域周围的"蒙兀室韦"，因为部落冲突，其中的一部分于9世纪西迁至漠北斡难河河源的不儿罕山一带驻牧。另一部分也就是弘吉剌部及其分支、塔塔儿部以及蒙古部的一些近支部落，仍游牧于呼伦贝尔草原。

这样，不儿罕山就成了蒙古由"部"成为一个"民族"的兴盛之地。这里有统一蒙古的千年伟人成吉思汗根祖的故事："苍天降生的孛儿帖赤那（意为"苍色狼"）和他的妻子豁埃马阑勒（意为"白色鹿"）。他们渡腾汲思水来到位于斡难河源头的不儿罕山，生有一个儿子叫巴塔赤罕……"还有关于成吉思汗十世祖的故事：朵奔篾儿干与阿兰豁阿结成了夫妻，他们生有两个儿子。后来朵奔篾儿干去世了，他的寡妇妻子感光生子，又生了三个儿子，而这三个儿子中一个叫孛端察儿蒙合黑即孛端察儿，是成吉思汗之十世祖，也是孛儿只斤氏的创氏祖先。

兀良哈部

兀良哈蒙古发祥于额尔古纳河流域，公元9～10世纪，游牧于额嫩河（斡难河）和克鲁伦河流域的不儿罕山麓，被称为"迭儿列勤蒙古"。

《蒙古秘史》说："公元8世纪中叶至10世纪中叶，'蒙兀室韦'被称为'迭儿列勤蒙古'，即一般蒙古人。"就是说，"兀良哈蒙古"也是前面说的"九世纪时，西迁至漠北斡难河河源的不儿罕山一带驻牧"的"蒙兀室韦"的一部分。又说："在公元10世纪至12世纪之间，一般蒙古人的群落中出现了'尼伦'蒙古。孛端察儿等成了'尼伦'蒙古的首领。"前面故事中的那个阿兰豁阿就是兀良哈人，她正为投奔

"此地之主兀良孩"而来。也就是说，从成吉思汗十世祖的父亲朵奔篾儿干那开始，就已经和兀良哈人联姻了，而且以后联姻不断。正是这种联姻，才有了后来的"尼伦（尼鲁温）蒙古"以及孛儿只斤氏家族。

之所以称为"尼伦蒙古"，是因为阿兰豁阿为儿子解释"感光而生"三个儿子时说："由此看来，必为上天之子，怎可与凡生相比？待将成为万众之主时，人们才会明白的呀！"既然是"上天之子"，就有别于"一般"的"凡生"，而且他们的后人真成了"万众之主"。

黄金家族博尔济吉特·白莹在《成吉思汗及其显赫家族》中，采纳了《蒙古族通史》和拉施特《史集》的观点，说："从这一代起，

日本人笔下的兀良哈人

五月，兀良哈蒙古人因居于朵颜山一带，故被封为朵颜卫，与泰宁、福余一起称为"兀良哈三卫"或"朵颜三卫"，隶属东北奴儿干都司管辖（奴儿干都司是384个羁縻卫中之一），并与明建立了长期的进贡与贸易往来，但也因赐大宁未兑现而屡次南进明边。

15世纪中叶，兀良哈人已活动在今喀喇沁地区。

"兀良哈"，蒙古语，原为部落名，汉译"居住在山里的人""林中百姓"。"兀良哈"，在各种史籍中也有不同译写，如"乌梁海""兀良罕""兀良合""兀良哈""兀良孩""斡朗改""乌力阳罕""兀底改""兀犹哈"等，清代成为兀良哈蒙古人的姓氏，译写为"乌梁海"。

兀良哈部的历史影响

助成吉思汗统一蒙古

公元1162年，铁木真降生时，兀良哈部札儿赤兀歹老人带着儿子者勒蔑进他的家门，送给他一件珍贵的貂皮襁褓，并将者勒蔑送给他。后来有一天，札儿赤兀歹老人背着鼓风囊，领着儿子者勒蔑来到铁木真家。老人对铁木真说："当你在斡难河畔出生时，我给你送了一件貂皮襁褓，同时

成吉思汗像

蒙古族分成了两部分：老大别勒·古讷台和老二不古·讷台的后裔被称为'一般蒙古人'，他们发展成为十八个部落：捏古思、兀良哈惕、弘吉剌惕……老三不忽·合塔吉、老四不合秃·撒勒只和孛端察儿，就是'尼伦蒙古人'（或纯洁的蒙古人)的祖先。'尼伦'是蒙语的'腰'，因为他们出生自阿兰贞节的腰。尼伦蒙古人后来发展到十七个部：合塔斤（或合答儿斤）、撒勒只兀惕、泰亦赤兀惕（或泰赤乌）……"

后来兀良哈人中出了者勒蔑、速不台、察兀儿罕三员名将，兀良哈人也随战争、领主和封地变化，不断迁徙。1207年，兀良哈人归附成吉思汗。

到明洪武二十二年（1389年）

也把儿子者勒蔑交给了你。考虑到他还幼小，所以带回家中养育。如今，他长大了，你让我儿者勒蔑出门时备马鞍，进门时掀门帘，让他随身服侍你吧！"从此，者勒蔑就成了成吉思汗的"伴当"。

后来，这个从小的"伴当"，在成吉思汗统一蒙古各部南征北战时，形影不离，在1202年阔亦田之战中，还救成吉思汗的命三次，后被封为"九死而不罚"之臣，是成吉思汗时代有名的"蒙古四杰"之一。

者勒蔑又动员胞弟速不台、察兀儿罕帮成吉思汗成就帝业。1206年，大封功臣时，者勒蔑被封为第九位千户那颜，速不台远征欧亚大陆，被封为第五十一位千户那颜。察兀儿罕被封为第五十八位千户那颜。后来，者勒蔑之子也孙帖额又做了成吉思汗时期的"怯薛军"弓箭手之长，辖千名宫廷侍卫（即宿卫长），并与成吉思汗家族联姻不断。速不台儿子兀良合台与其孙阿术降云南、平大理，皆有战功，父子依次被封为河南王。其部又随成吉思汗三弟哈赤温之子额勒只来到了蒙古斯坦正东部的朵颜温都儿山。元延祐三年（1316年），在这里设"朵颜温都儿兀良哈千户所"，兀良哈人也随之来到了封地"额客朵颜温都儿"地方——绰尔河流域（今

黑龙江省肇州至今内蒙古扎赉特旗博格达山一带）。这里就成了者勒蔑后裔的领地。

参加朱棣的"靖难之役"

建文元年（1399年），燕王朱棣为解除后方尤其是骁勇善战的朵颜三卫骑兵的威胁，遂设计借助三卫骑兵，轻松夺取了大宁。此后，兀良哈三卫跟随燕军征战南北，又

助其"靖难之役"成功。永乐元年（1403年）为报答兀良哈三卫助其"靖难"之功，赐大宁地为兀良哈三卫游牧地。但未兑现，故而朵颜卫不断南下进边，步步紧逼，直到明英宗天顺元年（1457年），才真正从今绰尔河与嫩江交汇地区，入驻大宁。至此，西拉沐沦河和辽河以南，东起开原、西近宣府的长城边外，都属于兀良哈三卫了。其中朵颜卫在广宁前屯（今山海关）历喜峰口，直至宣府境边外地区。

帮后金（清）开疆扩土

从17世纪后金天聪年间到18世纪乾隆年间的100多年里，正是清王朝由弱到强、由东北一隅的后金到入主中原建立中国历史上仅次于元王朝的统一多民族国家的时期。

乌兰布通

在这一历史过程中，喀喇沁蒙古为大清冲锋陷阵，开疆扩土，立下了汗马功劳。

天聪、崇德年间：1628年九月，随清军征剿察哈尔林丹汗；十月，随清军与明军对峙，后由兀良哈部布尔哈图作为导向进入长城重要关隘罗文峪；1630年与明军作战，擒明将丁启明，并游击一员、都司二员；1632年随清军都尔弼征察哈尔，败林丹汗；1634年正月，与巴林、阿鲁科尔沁、翁牛特诸部，收服了察哈尔败走后留下的遗民；五月，随阿济格征大同和朔州平鲁卫；1636年征朝鲜；1638年喀喇沁右旗首任札萨克固噜思奇布，又随清军，从密云入明边，到达北京附近，在卢沟桥一带大败6000名明军；十月从征前屯卫及宁远；1641年六月，围困锦州，打败明总督洪承畴的援兵；十一月偕同清军围剿蓟州，歼灭明总兵白腾蛟、白广恩兵3000余人；后进入怀柔，在洪螺山（天津蓟县）打败明总兵唐通；然后进军山东，第二年回兵。

顺治年间：1644年，随清军进入山海关，击败李自成；1649年征剿喀尔喀蒙古。

康熙年间：1674年，喀喇沁霍济格尔又兵赴兖州，追剿耿精忠等，获得战功。1675年，受命征剿察哈

尔部布尔尼反叛；1690年，随清军在乌兰布通大败准格尔部噶尔丹；1715年，受命赴推河防御策妄阿拉布坦（准格尔首领，噶尔丹的兄长僧格长子）。

雍正年间：1732年，在额尔德尼昭大败噶尔丹策零（策妄阿拉布坦长子）；1755年正月，进剿达瓦齐（策妄阿拉布坦谋臣大策凌敦多布之孙，自立为准噶尔大汗），五月在库鲁克岭擒住达瓦齐。

为清廷稳定边疆

康熙二十年（1681年）四月，喀喇沁右旗第四任札萨克第二任郡王扎什忍痛割爱，将本旗的围场、承德、丰宁、兴隆等游牧地敬献给康熙皇帝，作为"相度地势，酌设围场"之用，建起了木兰围场和承德避暑山庄。木兰围场不但为训练清朝国家正规军和地方武装发挥了重要作用，也对沙皇俄国和各蒙古王公起到了很大的威慑与警示作用。

在以后的若干年里，喀喇沁蒙古骑兵也为清王朝北部边疆的稳定和抵御外敌发挥了重要作用。第十二位札萨克、第四任亲王色伯克多尔济任卓索图盟正盟长，长期带领东三盟蒙古兵内平外御，建立奇功，被封世袭罔替亲王衔。

和皇室联姻不断

早在努尔哈赤和皇太极时期，

就开启了满蒙联姻的先河。喀喇沁部
是与皇室联姻关系最为密切的部落之
一。据历史文献记载，清朝皇家与喀
喇沁通婚共 114 次，其中下嫁到该部
的皇家女有 93 人，娶喀喇沁之女 21
人。这里尤以清康熙皇帝将其第五女
和硕端静公主下嫁给喀喇沁右旗札萨
克郡王扎什之次子噶勒藏为之最，使
喀喇沁旗的荣耀达到顶峰。皇家额驸
固噜思奇布、色伯克多尔济、旺都特
那木吉勒、贡桑诺尔布，在清廷中都
是很高品级的官员。尤其是贡桑诺尔
布，无论对清廷还是蒙古各部都起了
重要作用。

色伯克多尔济画像

扎什画像

旺都特那木吉勒画像

和硕端静公主

和硕端静公主像

和硕端静公主，姓爱新觉罗，名端静，系清圣祖康熙玄烨的第五女，于康熙十三年（1674年）农历五月六日（公历6月9日）巳时，生于北京紫禁城皇宫内（即现在的北京故宫），由贵人兆佳氏所生。性情温纯，贤淑谨慎，讲究义气，少违纲常之举，终生勤俭，是一个知书达理、雅颂多艺之人，被康熙皇帝和孝庄皇太后视为掌上明珠，在宫中也倍受尊敬。

康熙三十一年（1692年）受封为和硕端静公主，同年十月初二嫁给喀喇沁部蒙古多罗杜棱郡王扎什次子

和硕端静公主的金花头饰

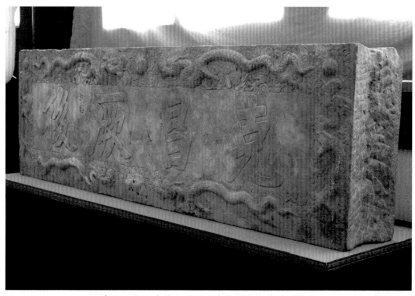

清代汉白玉浮雕云龙纹"克昌厥後"长方形匾额

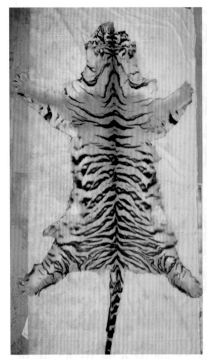

虎皮图

　　清廷于乾隆年间在喀喇沁右旗建虎枪营，专猎猛虎。喀喇沁王亲任虎枪营营长，虎枪营的驻地在上四十家子（蒙语"德日·杜沁格尔"，今杀虎营子）。现王爷府镇下瓦房村东 2 里的杀虎营子，就是当年虎枪手的驻营地。

　　噶勒藏。为迎娶和硕端静公主，喀喇沁右旗专建了一座豪华府第，东院为驸马院，西院为公主宫（地址在现在的锦山镇西府村）。府第完全是宫廷式建筑风格，十分华丽。正门有一副楹联："金枝玉叶府，朝郎驸马门。"院中，苍松翠柏，古朴庄严。东西两侧各有房屋二三百间，内分大厅、正堂、寝宫、祠堂、梳妆台、书房等。大堂前的楹联历年写："世袭王公业，

累代社稷臣。"东院大厅正门上方，悬有御赐浮雕九龙匾额，题曰"宜家昌后"。该府门前有左、中、右三通红色影壁，中间通长 30 米，左、右通稍短些，呈"八"字形。牌坊外东西面各有"文官下轿，武官下马"的石碑。

公主于康熙四十九年三月二十六日申时薨逝，时年三十七岁。急暂厝于现今的王爷府镇马场村二组北山根平台的陵沟门。康熙五十八年（1719年）农历十一月二十九日（公历1月9日），迁移到十家满族乡白勒图（又称北勒图）公主陵。

公主陵位于喀喇沁旗十家满族乡十家村东约2公里的东山根平台地上。公主陵坐北朝南，占地10余亩，四周是约3米高的石围墙。北靠（或后靠）大陵北山，南面（或前兆）大陵南山。该川道路东西向，从墓前经过。

陵墓分前后两院，前院有门房3

和硕端静公主陵

清代汉白玉刻和硕端静公主墓志

间，正殿 3 间，东西配房各 7 间，两侧有通往后院的小门；后院有大厅 7 间，原系供奉公主衣冠饰物之所在。墓体圆形，高约 2 米，砖石垒筑，建于大厅后面的方台之上，石雕勾栏围绕，墓前石阶下置有一个长方形石供桌。墓室已遭毁坏。地表现存：四柱石牌坊 1 座，镶嵌汉白玉匾额，坊顶个别部件被盗；立龙墓表 1 对（近年遭严重毁坏）；螭首龟趺"敕建"蒙满汉文墓碑 1 通。

和硕端静公主的儿子敏珠尔拉布坦因随职勤劳，功绩卓著，于乾隆八年（1743 年）七月封为辅国公，同年建公爷府（位处现锦山镇内，距西府约 2 公里，在灵悦寺东侧现旗幼儿园和旗武装部所在处。蒙古族以西为大，其西边就是建于乾隆年间的灵悦寺，是公爷的家庙）。

公主下嫁，虽为清廷"和亲"政策，但也为塞外蒙旗带来了手工业、建筑业、园艺种植等技术。

喀喇沁部

波斯史学家拉施特《史集》中记述：喀喇沁的祖先是游牧于中亚草原（即今伊朗境内）的乌古思人。相传，乌古思人的首领乌古思生有六子，其六子又各有四子。从乌古思诸子中繁衍出24个支系，哈剌赤（喀喇沁）部就是其中支系之一。后来，哈剌赤部迁徙到了阿姆河以南地区，逐渐发展成为一个强大部族，与当地其他一些游牧部落统称为钦察人，他们共同形成了一个实力强大的联盟。到了成吉思汗时代，"钦察人"应召入伍，他们英勇善战，被称为"钦察军"。后来被带回蒙古草原本部，在元朝以后逐渐形成"喀喇沁部"。元代初期喀喇沁蒙古兵为巩固忽必烈汗的统治，立下了汗马功劳。

"喀喇沁"（或"哈剌赤""哈剌慎""哈剌陈""哈剌庆"等）的词义有多种解释，其中《蒙古八部》就有四种解释：

第一种认为哈剌赤是突厥语，意为"挨饿去吧"。相传，当年乌古思在作战班师后，有个妇女在随军途中生孩子，其丈夫脱队去打野鸡给她吃，因此延误掉队。乌古思对他说"合剌—阿赤"，意思是"挨饿去吧"。从此这个氏族的后裔就被称为"合剌赤"。第二种认为哈剌赤是蒙古语，意为"酿造黑马乳奶酒的匠人们"。根据《元史》记载，土土哈的父亲班都察掌管元朝皇室的皇家牧场，饲养着大量的马群。其属民哈剌赤人以酿造黑马乳奶酒而著称。蒙古族的习惯以酒清澈为"哈剌"（黑），"赤"为众

钦察人

多的人。第三种认为，喀喇沁意为"守卫者""保卫者""哨兵"。据《世界征服者史》记载，在成吉思汗统一蒙古各部之后，为"道路安全，骚乱止息……在大道上设置守卫哨卡，蒙古人称之为哈剌赤"。喀喇沁的先人便是蒙古帝国边疆哨卡的守护者和巡逻者。第四种认为，喀喇沁意为平民、普通人。喀喇沁官方采用的是"守卫者"之意。

喀喇沁部领主经过土土哈、阿速特部阿鲁台、脱欢、北元太师孛来、阿罗出、亦不剌、达延汗、达延汗三子巴尔斯博罗特、巴尔斯博罗特四子巴雅思哈勒等数次更替。嘉靖十九年（1540年），活动地域也从鄂尔多斯地区迁出，驻牧于宣府张家口、独石口边外，包括今天的张家口以北的河北省北部，锡林郭勒盟的太仆寺旗、正镶白旗、正蓝旗和多伦县一带，深入兀良哈三卫驻牧地域。巴雅思哈勒成为喀喇沁部的领主并深入兀良哈三卫驻地以后，兀良哈三卫和喀喇沁部产生了十分密切的关系。以恩克为首的一部分兀良哈人归附了巴雅思哈勒，而且从巴雅思哈勒迎娶了兀良哈三卫领主恩克的堂妹猛可真哈屯为妻后，两部又多次联姻，兀良哈人地位大大提高，并逐渐形成了黄金家族的台吉和塔布囊统治阶层。

土土哈画像

阿鲁台画像

后金天聪二年（1628年），经过了与林丹汗赵城之战、旱落兀素决战后，蒙古右翼衰败。五月，喀喇沁部派出喇嘛4人带领530名随员，到后金议和，结为"白马乌牛"

之盟。后金天聪三年（1629年）处于同样困境的喀喇沁塔布囊、朵颜卫兀良哈部首领色棱、苏布地也率部投靠了后金，但仍驻扎在原牧地。由于喀喇沁部又参加了与林丹汗的艾不哈决战（天聪二年九月），其大军大部分溃散，喀喇沁黄金家族首领和所拥有的人口所剩无几，又群龙无首。而喀喇沁部内的兀良哈人因为没有参加艾不哈之战，在色棱、苏布地的率领下归附了后金，因而保存了实力。这之后，兀良哈人成了喀喇沁部的新领主，色棱和苏布地继续沿用原宗主部"喀喇沁"这一名称。苏布地大约在后金天聪四年（1630年）去世，其子固噜思奇布承袭。

在明末，据罗密《蒙古博尔济吉特氏族谱》所说："喀喇沁其名有三：其汗之子孙台吉为西拉努忒·喀喇沁（汉译'黄色眼睛人'）；其故旧勋戚之裔则为博罗努忒·喀喇沁（汉译'灰色眼睛人'）；其各处俘降则为哈拉努忒·喀喇沁（汉译'黑色眼睛人'）。"第一种人，是指巴雅思哈勒后裔；第二种人，是指兀良哈部人，为者勒蔑后裔；第三种人，是指喀喇沁部的平民，包括汉人，辽、金遗民等。他们主要居住在现在的内蒙古赤峰市喀喇沁旗、宁城县，辽宁省喀喇沁左翼

达延汗画像

蒙古族自治县、凌源市、建平县，河北省平泉县及其周边地区。据不完全统计，今全国的喀喇沁蒙古族有30万人左右。

现喀喇沁旗蒙古族还包括"客民蒙古"，即清朝时期喀喇沁王府先后从内地请来的一批汉族匠人的后裔。

促进了漠南经济文化发展

喀喇沁部在清王朝经济困难时期，为北边社会稳定和经济、文化发展做出了贡献。

借地养民

由于喀喇沁部与关内直隶交界、与山东临近，而这两省都是人口众多的农业区。清朝前期，很多贫民迫于生活压力移民来到喀喇沁地区，朝廷每年允许800人前往喀喇沁开垦，春来秋还。雍正时期，内地严

喀喇沁牧图

重灾荒，清政府又在喀喇沁三旗及其邻近蒙旗推行"借地养民"政策，大量饥民涌入这些地区，使得农耕面积不断扩大，农业已经具备相当规模。喀喇沁部成为漠南蒙古各部最早转入农业经济的蒙古部落。

康熙皇帝亲临视察，留下诗作

《过喀喇沁》："古木苍山路不穷，霜林飒沓响秋风。临流驻跸归营晚，坐看旌旗落日红。"乾隆皇帝也曾来此视察，留下诗作："列帐沿冈道左迎，羊群马酪各将诚。亲藩众建堪同例，外域羁縻岂近情。漫拟星辰环北极，也知稼穑望西成。百

喇特纳锡第画像

年（1910年）又鼓励"辟地利、启蒙智、化畛域、通文字"。此时，喀喇沁部已经完成由畜牧业经济向农耕经济转变的历程。

旗地经济快速发展

喇特纳锡第任卓索图盟盟长时期，山东连年灾荒，大批难民涌向关外，喇特纳锡第统统接纳，并大力倡导开荒种地，旗内人口迅速增加，又招募汉人青壮年编入旗丁。他亲自制定"喀喇沁善趣七德"（种姓高贵、形色端严、长寿、无病、缘分优异、财势富足、智慧广大），用尊严、理想乃至于信仰，教化旗民，使当时的喀喇沁兵精粮足，达到了鼎盛时期。

贡桑诺尔布改革

贡桑诺尔布，字乐亭，号夔盦

年化育皆先德，继绪心殷惕捧盈。"

移民实边

清朝后期，国力衰微，除灾荒原因外，为弥补财政赤字和防俄不断蚕食北方领土，清廷开始实行"移民实边"政策，放弃禁封而全面放垦，开垦了大片蒙古草原。宣统二

43

喀喇沁王之宝

（庵），乌梁海氏，同治十一年五月初九日（1872年6月14日）生，是者勒蔑第25世孙，卓索图盟喀喇沁右旗第十四任世袭札萨克多罗杜棱郡王，辛亥革命后的1912年被封为亲王。光绪十三年（1887年），经光绪皇帝恩准与清皇室肃亲王隆勤之女善坤结婚。贡桑诺尔布从小就受到严格而系统的教育，十四五岁时就已熟读四书五经、诸子百家，善书画喜吟咏，精通武术，通晓蒙、汉、满、藏4种文字，20岁时被清廷任命为御前行走，24岁时被赏加辅国公衔。光绪二十四年（1898年）其父病故，27岁的贡桑诺尔布承袭喀喇沁郡王爵位。光绪二十五年（1899年）任卓索图盟帮办盟务。1924年任卓索图盟盟长。著有《竹友斋诗集》《夔庵吟草》流传于世。

贡桑诺尔布承袭札萨克王位后，

进行了多项改革：

革除弊政旧制。解散京戏班子；将旗民的差役制改为定额负担制；不许把旗民分成贵贱等级，下级官员参见王爷不准自称"包格勒"（奴才），改跪拜礼为鞠躬礼；训令旗民今后凡有三个儿子的人家，不准送两个儿子去当喇嘛，现有的喇嘛，凡有违法劣迹行为者，一律还俗；聘请军事教官，训练卫队，保卫地方治安；改革税制，成立度支局；提倡文明结婚。

兴办教育。为开启民智，培养人才，先后创办了崇正文学堂、守正武学堂、毓正女学堂。同时购进《古今图书集成》《钦定佩文韵府》

贡桑诺尔布像

等珍贵书籍，建图书馆。

选派留学生。光绪三十二年（1906年），选派崇正学堂伊德钦、特睦格图、吴恩和、金永昌、于恒山，毓正女学堂于淑贞、金淑贞、于保贞留学日本。从光绪三十年（1904年）起，选派30多名学生去北京、天津、保定、上海等地高等学府深造。

通有线电报、建邮政代办所。因旗内不通邮，信息闭塞，为沟通喀喇沁右旗与外界的联系，架设从克勒沟到喀喇沁王府90华里的电报电话线路；选定3名蒙古族人为"健脚"，来往于北京、喀喇沁之间，传递公私函件；在乡村建邮政代办所。

创办《婴报》。为启迪民智，宣扬新政，在学堂内办报馆，出双日刊石印《婴报》，免费发行。除刊登国内外新闻外，还动员官员、教师、学生写稿，供王府官员和学生阅读，并发行各个村落，同时还向旅居北京的各旗蒙古王公赠阅。

《婴报》是内蒙古的第一份蒙旗报纸。

贡王好友吴禄贞和"吴受卿醉卧处"

吴禄贞（1880～1911），字绶卿，湖北省云梦县人，辛亥革命时期的著名革命家。吴禄贞不但是贡王的好友，也是贡王进步思想的引路人，贡王与吴禄贞交往的时期，也是他思想最活跃、推行改革最坚定的时期。清光绪三十二年（1906），清廷派理藩部尚书肃亲王善耆到内蒙古东四盟视察，随行人员有姚锡光和吴禄贞。贡王举行仪式，热烈欢迎他们。在王府逗留期间，有一次在宴席上，不知不觉中，大家都喝得酩酊大醉。吴禄贞出来乘凉，一阵呕吐后，便醉倒在这垂带石上酣然大睡。贡王看到好友的憨态，就亲笔写了"吴受卿醉卧处"（"受"应为"绶"）6个字，命石匠刻在垂带石上。贡王本想等吴禄贞下次来的时候调侃他一番，谁知这一别竟是永别。袁世凯买通吴禄贞部下，于同年11月7日凌晨，将其杀害于石家庄火车站，时年31岁。

吴绶卿醉卧处

亲王府内的桑树

成立"崇德学社"。组织崇正师生研究地方行政和参、佐领制度改革问题，开办政治训练班，培养新的行政管理人员。

种桑养蚕。从浙江购买桑苗数万株，开辟桑园数百亩，开创了蒙地植桑养蚕的历史。

兴办实业。派人去天津北洋工厂学习近代工业技术，引进现代管理方法，于光绪三十一年（1905年）办起了工厂，织布，染色，生产肥皂、蜡烛、绒毡、染料等。又从北京俄国银行借3万两白银，办起了百货商店"三义洋行"，除销售旗内工厂生产的产品外，还经销日用百货、洋广杂货。旗内和附近旗、县，均

46

来这里购物。喀喇沁旗王府地区日渐繁华，人称"小北京"。

这些开创性举措，使喀喇沁迈入了文明时代，为喀喇沁右旗经济、文化、社会发展做出了贡献。

光绪三十四年（1908年），他还上奏朝廷，提出八项建议，称"管见八条"。内容包括设立银行、修建铁路、开采矿山、整顿农工商、预备外交、普及教育、赶练新军、创办巡警。这都体现了他革新图强的进步思想。

创办蒙藏学校。校址在北京西单石虎胡同北。招收各地蒙、藏学生进京入学，其中以蒙古族学生为多。在苏俄十月革命和国内五四运动的影响下，蒙藏学校成为北京传播马列主义的场所之一，早期革命活动家邓中夏、朱务善、赵世炎、黄日葵、李渤海、韩麟符、刘伯庄、李大钊等都曾到学校开展革命活动，从这里走出了一批以乌兰夫、吉雅泰、多松年、奎璧、特木尔巴根、乌勒吉敖喜尔等为代表的蒙古族革命者。培养了一大批蒙藏族新型人才。

1931年1月13日，贡桑诺尔布因脑溢血不幸病逝于北京官邸，时年59岁。遗体运回故乡，安葬在现辽宁省建平县三家乡新艾里村王子坟。

贡桑诺尔布虽身为封建王爷，但一生致力于改革和地区振兴。他不只学习近代工业技术和引进现代管理方法，更重要的是，他引进了先进文化和先进思想。正因为如此，他不仅在蒙古族历史上，而且在中国近现代史上，都留下了浓墨重彩的一笔。

蒙藏学校培养了一大批革命者

47

贡桑诺尔布
创办的喀喇沁三学堂
崇正学堂

光绪二十八年十月初一（1902年10月31日），贡桑诺尔布创办了崇正学堂，这是贡桑诺尔布创办的三所学堂中最大的一所，是内蒙古地区最早的官办新式学堂，无论是学校规模、教材设置，还是教学方法、管理模式，都是内蒙古地区前所未有的，可以说它开创了塞外蒙旗兴办新式教育之先河。

崇正学堂校址在王府西跨院一所四进院落，贡王亲任校长，任命希光甫（蒙名希里萨拉）为校务总办。学生食宿一律免费；学生的学习用品，学堂免费供给；离家远的女生，学堂早晚用车接送；走读生中午学堂免费供餐；毕业生公费保送升学或留学，不愿升学的留旗任用；等等。通过一系列奖励措施，学堂从开始的40名学生、初高级两个班扩大到三个年级四个班。后来学制逐步完善，增加到六个年级，学堂又增设了师范部，学制1～2年。再后来学堂规模不断扩大，学生达400多人，设10个教学班。学生入学都穿统一服装。

崇正学堂的课程设置，是传统和现代的结合，教学时蒙汉文并用。课程内容有：《百家姓》《三字经》《千字文》，"四书""五经"以及蒙古文、数学、地理、历史、书法、绘画、音乐、体育、日语、英语、

崇正学堂合影

自然、社会、修身等。每周上课五天半,每天6节课,早晚有自习,是一所完全采用课堂教学形式的官办新式学堂。

贡桑诺尔布极为重视这所学堂,对学堂寄托了很大期望。在开学典礼时,他亲自出席并讲了话,当场挥毫为学堂撰写了一副对联:

崇武尚文,无非赖尔多士;

正风移俗,是所望于群公。

因为联内嵌有"崇正"二字,汉文教师、南方名士钱桐(字孟材,江苏无锡人)、陆韬(字君略,浙江钱塘人)和老师们建议把学堂改名为"崇正学堂"。

对联写好后,贡王又即兴赋诗一首,表达了他对兴教办学的深切期望:

朝廷百度尽维新,藩属亦应教化均。

崇正先从端士习,兴才良不愧儒珍。

欣看此日峥嵘辈,期作他年柱石臣。

无限雄心深企望,养成大器傲强邻。

崇正学堂培养出了一批优秀学生,如特睦格图、恩和布林、特木尔巴根、吴尧臣、顾和巴特尔等。不少人后来成了社会精英,有的从政,有的从军,有的成了发明家,有的成为社会活动家。他们通过不

喀喇沁右旗崇正国民优级学校校旗

燕贻堂

同方式服务于喀喇沁，服务于社会。

辛亥革命以后至北洋政府时期，崇正学堂采用了民国政府制定的教程和教材，另外也自编了部分教材。日本入侵后，学堂名为"喀喇沁右旗崇正国民优级学校"。1938年（伪满康德五年），以蒙民裕生会的名义，又建了一所"热河省立崇正国民高等学校"，校址在今王爷府中心卫生院及其家属院一带。中华人民共和国成立后，"崇正"校名停用，学校改名为王爷府中学。

守正武学堂

守正武学堂建立于光绪二十九年（1903年8月6日）。校址在大西沟门贡王三叔遗留的府第。教官有日本陆军大尉伊藤柳太郎、中尉吉原四郎、周春芳等人。贡王安排喇嘛扎布（汉名吴凤山）、阿拉木斯瓦齐尔（汉名赵鹤亭）为校务管理人员。初办时，挑选附近蒙民子弟及府内随侍与马步练军中青壮年哨官、哨长等20人为士官生，又选择马步练军100人为军队。学习内容分学、术两科。军事课程有：步兵操典、野外要务、射击教范、体操教范。文化课程有：算学、日语、地理、历史。术科课程有：分队教练、小队教练、中队教练、徒手体操、器械体操、野外演习、射击等。

毓正女学堂

光绪二十九年（1903年）十一月初十，贡王改修王府燕贻堂，创办了毓正女学堂。毓正女学堂的名

贡桑诺尔布（后排居中）、福晋善坤（后排居右）、河原操子（后排居左）与
毓正女学堂学生合影。

喀喇沁蒙古贵妇人与毓正女学堂学生合影

贡桑诺尔布（前排左三）、福晋善坤（前排左五）、王妹兰贞（前排左六）、
毓正女学堂教师河原操子（前排左七）、服部四郎夫人（前排左四等人）合影

贡桑诺尔布之福晋善坤、王妹兰贞、张夫人（状元徐郙之女）、鸟居君子等与
毓正女学堂学生合影。

毓正女学堂师生合影

字是贡桑诺尔布亲自定的，校务由贡王福晋善坤亲自主持，河原操子为总教习，聘巴图敖其尔（汉名伊宪斋）为蒙汉文总教习，喀喇沁中旗宁姓女子为蒙文教员，又聘请清末状元徐郙的第八女张夫人（从夫姓）为汉文教员。河原操子教日语、算术、手工、图画、音乐、体育等课程。

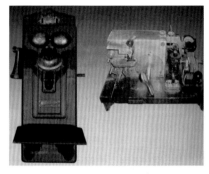

邮政代办所使用的电话和有线电报机

毓正女学堂的课程设置有：蒙文、汉文、日文、历史、地理、算术、修身、博物、卫生、生理、图画、音乐、体育、裁缝、家政等。为增加学生的学习兴趣，根据河原操子的提议，学堂还举办了同窗会、游园会，这种寓教于乐的方式起到了很好作用。据史料载，毓正女学堂学生入学有燕飞轿车接送，午间学校备午餐，路远者准其寄宿。

毓正女学堂是蒙古地区第一所女子学堂，也是中国近代史上创办较早的女学堂之一。毓正女学堂共计办了6年，时间虽不长，但在中国女子教育史上留下了永不磨灭的光辉一页。

喀喇沁地区的民族
与宗教信仰

今喀喇沁地区，政治地理沿革复杂、民族更迭频繁，最终形成了一个以蒙古族为主体、汉族为多数的大杂居、小聚居的民族分布格局。现今，在这片土地上，生活着蒙、汉、满、回、朝鲜、达斡尔、鄂温克、壮、锡伯、苗、瑶、侗、维吾尔、黎等十几个民族。各民族文化上相互包容，情感上相互亲近，和谐相处，共同发展，形成了一个和睦的大家庭。

自从有人类活动开始，就有汉族先民在此过着农业定居生活。后来，燕国大将秦开在此修建长城；秦代以"谪戍"之法迁中原汉人来充实户籍、垦地戍边；东汉、唐末五代又有大量汉民为躲避战乱或战争被掠进入旗境；清代，旗札萨克从内地聘请匠人，清廷"借地养民""移民实边"等，使旗地汉族人口越来越多。

旗内满族均为清代以后迁来，其祖为藩王吴三桂部属。吴三桂被清廷剿灭，被俘部属进京后，编入内务府，为旗下"包衣人"（仆人），康熙三十一年（1692年）随和硕端静下嫁来到喀喇沁。康熙初年，山东省武定府白姓回族最先来公爷府做买卖，其他回族相继而来。

多种文化在这里碰撞、影响与融合，形成了喀喇沁地区的多元文化。仅从喀喇沁地区遗存的寺庙看，就表明了这一地区文化与信仰的多元性。

早在辽代之前，汉语系佛教就传入旗地，并在民间广泛传播。但辽朝宗教是多元化的，没有确立一种独尊的宗教信仰，佛教、道教，还有契丹人的传统信仰包括祖先崇拜、自然崇拜和原始巫教，都有着信仰的群体。在辽朝后期，由于皇帝和皇室的信仰，佛教获得了发展。灵峰寺便是辽代开凿的石窟寺。

灵峰寺

灵峰寺也称灵峰院，俗称洞山庙，是一处石窟佛寺。雕凿于乾统三年（1103年），坐落在喀喇沁旗牛家营子镇政府驻地西北约3.5公里、赤峰市新城区西南约15公里的崇山峻岭之中，是喀喇沁旗现存历史最为悠久、唯一见于古代志书著录的古寺，也是内蒙古地区罕见的石窟佛寺。重修于金代（1143年），被誉为"塞外敦煌"。由主洞和环洞组成，即和尚洞、长工洞、碾子洞、娘娘洞、主洞、环洞、老爷洞7个洞。主洞呈"凸"字形，长15米，现存有石刻佛像一尊，两侧各有弟子像，门额上刻有小佛和菩萨像，绕以祥云。

据所立寺碑记载，重建后的寺院大有"石国"之规模，佛窟与石像

灵峰寺

灵峰寺环洞内景（西侧）

焕然一新。在此基础上，又经数年修筑，寺院规模进一步扩大。由窟内碑刻可知，明清两代屡有远近僧人和善男信女虔诚捐资出力，对佛窟进行修缮，足见灵峰院是当时一处礼佛圣地，极受佛徒和信众崇奉。

元代和明代，旗地汉语系佛教较兴盛，建于狮子崖下的龙泉寺，是汉语系佛教华严宗寺庙。元延祐四年，僧人智然大师（1267～1339）千里迢迢从安西咸宁来到此地，传播佛教，重建寺庙。

龙泉寺

从喀喇沁旗锦山镇往西北方向行约3公里，有一座海拔1200米的山峰，宛如一头巨大的雄狮，山峰因形而得名，自古称作狮子崖。千年古刹龙泉寺，就坐落在狮子崖南

龙泉寺全景图　王玉林／摄

龙泉寺记碑

麓的丛林中，因其西北角有一"龙泉井"而得名。

　　该寺坐北面南，建于山坡由人工开挖的四层平台上。佛殿因山就势，层叠而上，呈三进四阶的形式，主体建筑东西对称。院内保存身长4.5米的石雕卧狮一具，元代至正元年（1341年）螭首龟趺智然律师道行碑1通，民国六年（1917年）螭首须弥座龙泉寺记碑1通。寺院中还曾立有一方"大元国上都路松州南阴凉河川狮子崖龙泉寺常住山林地土周围四至碑"（现藏于王府博物馆），碑文的落款刻"至元二十四年"（1287年）重修。从元至正元年（1341年）所立的石碑看，在元延祐四年（1317年）就已称龙泉寺为"古寺"，可见此寺之建应

不晚于元初。

　　传说清康熙三十七年（1698年），康熙皇帝陪奉皇太后赴盛京（今沈

元代开山创建龙泉寺第一代祖智然律师道行碑

阳）谒陵祭祖，八月中旬途经喀喇沁右旗时，曾游览龙泉寺，并把御用的一副金鞍玉辔赏赐给住持和尚。民国初年，李雨亭（李德旺，字雨亭，蒙古名：达兰台）在《咏龙泉寺》诗中曾缅怀此事：

龙泉宝寺景最幽，峻岭重山秀千秋。

佛殿重修元世代，神宫补造古松州。

笑看狮崖身伏卧，欣赏龙泉水自流。

圣祖出巡临幸地，遗得金鞍作念头。

据说康熙皇帝所赐的金鞍，作为龙泉寺镇寺之宝，一直珍藏在西配殿，伪满时落入日本人之手。

康宁寺

2011 年新建于美林谷的康宁寺，其简介碑文称，康宁寺始建于元朝，距今已有 700 余年历史。元太祖忽必烈理朝年间，萨迦五祖八思巴被尊为"国师""帝师"，其在北京、内蒙古、沈阳、宁夏等省市兴建 700 余座庙宇，康宁寺是其中之一。"文革"期间寺庙主体遭到严重损毁。2011 年复建。

新落成的康宁寺，是国内少有的集藏汉蒙文化为一体的寺院。占地面积 100 余亩，建筑面积近 5000 平方米。包含大雄宝殿、观音殿、地藏殿、护法殿、藏经阁、原旧寺密法殿古迹、闭关中心等。殿内供奉释迦牟尼佛、阿弥陀佛、药师佛、文殊菩萨、绿度母、观世音菩萨、地藏王菩萨、时轮金刚坛城、各大本尊上师护法、财神等佛像 100 余尊。其中最大的释迦牟尼佛总高 9 米，阿弥陀佛等佛像总高 6 米。藏经阁内藏有藏汉大藏经、各大祖师的卷集三万多件。

主山门的"康宁寺"牌匾，藏文由萨迦法王亲笔题字，汉文则由佛学泰斗星云大师亲笔题字。

康宁寺一角　王玉林 / 摄

道教由关外汉民族带入。喀喇沁地区的汉族几乎全部信佛、信道，每个村落都有简易的小庙，有土地庙、城隍庙、九神庙、龙王庙、山神庙、关帝庙、娘娘庙等。

龙山寺

龙山寺俗称娘娘庙，位于锦山镇龙山村东侧的龙头山下，始建于康熙二十二年（1683年），重修于乾隆四十三年（1778年）。规模宏大，占地约20亩，是一座释、儒、道教合一的庙宇。现存乾隆年间复修时石碑一块，碑座已碎，碑身裂为两段，虽经修复，但字迹已模糊不清。不过碑文正面"乾隆戊戌年"字迹清晰可辨，碑身背面上刻重修时捐款人名单，细辨仍能认清。

自15世纪中叶，兀良哈人活动在今喀喇沁地区，尤其到16世纪中叶兀良哈部和喀喇沁部在此地区融合，蒙古族就成了喀喇沁旗的世居民族。

古代蒙古民族同许多北方民族一样，崇尚原始的萨满教。萨满教是满族及其先世信仰的原始多神教。其主要内容是自然崇拜、动物崇拜、祖先崇拜及与之相应的祭祀活动仪式。萨满祭祀的神神祇，除了女真传统信仰的天神、地祇、满洲神、爱新觉罗氏先祖，还融入了蒙古神、释迦牟尼佛、观世音菩萨、关帝等

汉蒙民族信仰的神。这种多元化的神系，不仅缘于萨满教多神崇拜的开放性，还缘于清入关前两位帝王为招抚蒙古族及辽东地区汉族人而采取的宗教包容政策。天命、天聪年间，努尔哈赤、皇太极曾多次在辽东地区进行佛教寺庙、道教寺观、娘娘庙等的重建。顺治时期更是多次派人进藏，敦请达赖喇嘛。

13世纪后期，在元世祖忽必烈的支持下，喇嘛教升始传入蒙古地区。但在很长时期内，喇嘛教一直是官廷贵族为信仰主体的宗教，在

成吉思汗在登基大典上举行宗教仪式（源于科尔沁博物馆）

民间并没有扎下根基，萨满教仍然是大多数蒙古族人的基本信仰。直到 1949 年前，喀喇沁右旗仍有流行萨满教。

复建后的龙山寺

龙山寺残碑

15世纪初，宗喀巴进行宗教改革，创立了格鲁派（黄教）。明隆庆五年（1571年）西藏黄教首领索南嘉措派代表阿兴喇嘛劝告阿勒坦汗皈依佛教，从此黄教一浪高过一浪地涌入蒙古，才使蒙古族的宗教信仰发生重大变化，并在蒙古社会生活中起到了重大作用。也就在此时，黄教传入内蒙古。明神宗万历十六年（1588年），蒙藏文化交流的奠基人三世达赖喇嘛索南嘉措为蒙藏文化交流和佛教传播捐尽终生，圆寂于喀喇沁部。正是在阿勒坦汗时，喀喇沁部的阿优喜固什为促进藏蒙佛教文化交流，创立了"阿里嘎礼字"，同时创办了培养翻译人才的学校，并翻译《甘珠尔经》。明崇祯元年（1628年）手抄金字本《甘珠尔经》，就是用阿里嘎礼字转写的，可谓蒙藏文化史上的一大里程碑。

清王朝征服蒙古各部后，实行"崇释"政策，广建寺庙，扩大喇嘛教特权。正是在康熙年间，喀喇沁多罗杜棱郡王扎什受清廷影响，从北京请回西藏堪布喇嘛来旗布教，从此后，喀喇沁右旗开始陆续修建庙宇。影响较大的寺庙有福会寺、灵悦寺、法显寺（又称甘珠苏庙，俗称甘苏庙）、吉庆寺、宏福寺等。乾隆、嘉庆二帝是继康熙、雍正之后兴建寺庙、扶持发展喇嘛教政策的最有力推动者，也是最成功的治

佛寺法事　鲍永泉／摄

理者。乾隆、嘉庆年间，内蒙古地区发展喇嘛教、兴建喇嘛庙达到了最高峰，喀喇沁右旗大小喇嘛庙就达 27 处之多，僧众达 3500 余人。

福会寺

　　福会寺在喀喇沁王府（现王府博物馆）西约 0.5 公里处，始建于康熙年间，现寺院占地面积 6136 平方

福会寺天王殿

米，建筑面积2063平方米。这里地处七老图山的余脉，群山连绵起伏，林深树茂。锡伯河水自西向东蜿蜒而过，波光潋滟。

福会寺藏名为"盖草灵"，是喀喇沁旗最大的喇嘛寺庙，全盛时期喇嘛多达450多人。福会寺建筑格局上分为两座院落。主庙分为五层殿：一层殿3间，为天王殿，二层殿（新庙）5间，三层殿（都根）上下两层共七七四十九间，建筑飞檐斗拱，宏伟壮丽。

清乾隆四十六年（1781年）四月，清代进士李调元路经此地，曾记述：

二十日，晴。由石碑沟（指锡伯河）溯河而行，平川青草，两岸榆林，牛羊遍野。过蒙古喀喇亲（喀喇沁）王府，楼阁崔巍，潭潭府居，与内地无异。环以蒙古民百余家，其中红墙绀宇，喇嘛庙也。

李调元所见的"红墙绀宇"喇嘛庙，即福会寺。这是关于喀喇沁右旗王府和福会寺的最早记载。后人赞福会寺曰：古佛青灯钟磬闻岭外，玉涧琼枝琉光映林端。

灵悦寺

灵悦寺位于锦山镇西街，始建于清代乾隆前期。现存寺院面积6100平方米，砖木建筑15幢。中轴建筑前后依次为单檐庑殿式门殿、硬山式前殿、圆攒尖式转轮经藏殿、

灵悦寺

单檐歇山环廊式大雄宝殿、歇山楼阁式法堂、硬山式经房和东西硬山式耳房，两厢对称式建筑前后依次为歇山钟鼓楼、东西硬山式配殿、东西歇山式配殿和东硬山式配殿。

寺内现存桃叶卫茅1株，云杉4株，油松2株。该寺现为赤峰市重点文物保护单位。

18世纪中叶，喀喇沁右旗开始有回族迁入，伊斯兰教随之传入，

锦山清真寺

锦山清真寺大殿

67

公爷府地区回族率先修建清真寺，后清真寺被洪水冲毁，公爷府（现锦山镇）一白姓回民，将自己的宅院舍出来做了清真寺。

道光二十年（1840年）以后，天主教传入喀喇沁右旗，1911～1921年，旗内先后建有4座教堂，即金家店教堂、二道营子教堂、牛头沟门教堂、银匠营子教堂。兴盛时期，教徒达2150人。

金家店教堂

牛头沟门教堂

杰 出 人 物

HUASHUONEIMENGGUkalaqinqi

杰 出 人 物
JIECHURENWU

喀喇沁地区人杰地灵。贡桑诺尔布开启漠南蒙古近代教育先河；"蒙古族毕昇"特睦格图创制了中国的蒙文铅字；有革命志士和英烈璀璨了历史星空。

阿优喜固什创制阿里嘎礼字

北元阿勒坦汗时期，为促进蒙、佛教文化交流，喀喇沁部著名译师阿优喜固什于明万历十四年（1586年），在传统蒙古文基础上，为转写梵语、藏语语音而创造了"阿里嘎礼字"。

"阿里嘎礼字"，是藏文音译，"阿里"，意为元音；"嘎礼"，意为辅音。实际上，阿里嘎礼字就是音写梵藏文借用的音标，是在原回鹘体蒙古文字母基础上创制的，包括书写蒙古文的30个字母，音写藏文的90个字母和转写梵文的50个字母。阿优喜固什在创制新字母的同时，还创办了培养翻译人才的学校，培养了大批本民族僧俗翻译人才。在这之后，这所学堂的学生将许多藏文佛经和印度梵文经典译成蒙文，并翻译了多部《甘珠尔》佛经。

"蒙古族毕昇"特睦格图

特睦格图（1888～1939年），蒙古族，汉名汪睿昌，字印侯，光绪十四年（1888年）12月7日出生在喀喇沁王府大西沟门村。特睦格图是中国近代著名蒙文铅字发明家、出版家、翻译家和学者。

青年时期的特睦格图

特睦格图自幼聪明好学，受喀喇沁贡桑诺尔布亲王赏识，到崇正学堂读书。1903年因学习成绩出众，被派到北京东省铁路俄文学堂专攻俄文。1906年被选派赴日本留学，学业优异，6年后学成归国。1914年到北京蒙藏院任首席翻译官和庶务科长，兼蒙藏学校教授，成为精通蒙、汉、满、藏四种语言文字和通晓日、俄文的杰出蒙古族学者。

蒙汉文铅字铜模与铅字

特睦格图在北京任职和著书立说期间，看到当时蒙文印刷只有少量落后的木刻印和石印，深感出版蒙文书籍的艰难。1913年俄国人在哈尔滨出版过蒙文铅字杂志，1915年日本人在东北出版过蒙文铅印日报，但此技术对中国保密，而且那些铅字工料粗糙，衔接不合理，难以认读。富有强烈民族自尊心的特睦格图，决心着手研究并创制中国的蒙文铅字。

蒙汉文铅字印刷机

铸字

从 1915 年开始，经 8 年努力，历无数次挫折，1922 年冬，蒙文铅字终于在我国首获成功。接着他又创制了满文铅字、藏文铅字，完成了少数民族文字活版铅字印刷的重大历史创造。

拣字

喀喇沁亲王府特睦格图印刷馆

特睦格图在成功创制蒙文铅字的基础上，于1923年春在北京创办了我国历史上第一个蒙文出版社，到1933年冬由他主编、翻译、印刷、出版的蒙、满、藏、汉文书籍达60余种10万余册。这些书籍在国内广泛发行，并流传到日、俄、法、蒙古等国，同时他创造的蒙文铅字也流传到了蒙古国及西欧，为传播中华民族文化发挥了重要作用。1930年特睦格图到南京国民政府教育司任职，蒙文书社迁至南京。1932年因日军炮轰南京，蒙文书社被迫关闭。1934年他被胁迫转赴内蒙古东部王爷庙（今乌兰浩特市）兴安军官学校任教授，1939年5月3日病逝。期间特睦格图一直力图重振蒙文印刷事业，因受日伪挤压终未如愿，致以抱恨终天。

特睦格图一生淡泊高官厚禄，致力于蒙古族文化的研究传播，为我国蒙古民族出版事业和文化教育事业做出了流芳青史的卓越贡献。

为纪念这位蒙文印刷的先驱者，内蒙古印刷技术协会于1994年设立了"特睦格图印刷奖"。

发轫于喀喇沁的 "蒙古族曹雪芹" 尹湛纳希

尹湛纳希（1837～1892），道光十七年（1837年）5月20日出生

尹湛纳希像

在卓索图盟土默特右旗忠信府（今辽宁省北票市下府蒙古族自治乡中心府村）一个诗书之家。乳名哈斯朝鲁。

尹湛纳希少时聪慧，善于思考，4岁时能熟背家世系谱，10岁通诵经史、吟诗作画，通晓蒙汉满藏四种语言，尤喜文学创作，擅蒙汉译文，善于写诗、对联、作画，对文学、语言学、历史学等皆有很深造诣。他少时习武，身体强壮，更重武德，常常扶困救危，时人称之为文武双全的"少年英才"。

尹湛纳希的母亲满优什卡是喀喇沁右旗前任札萨克郡王布呢雅巴拉的女儿，色伯克多尔济之妹，旺都特那木吉勒的姑母、贡桑诺尔布的姑祖母。尹湛纳希9岁时与色伯克多尔济三女儿紫檀定亲。

道光二十六年至咸丰五年（即1846年至1855年），尹湛纳希10岁～19岁期间，他往来两府达十余年之久，与表兄妹们一同玩耍、读

尹湛纳希的母亲和未婚妻

喀喇沁亲王府尹湛纳希文学馆

书，感情亲密融洽。他刻苦阅读喀喇沁王府的丰富藏书，极欲在仕途上光大祖业。这期间作有《白云》《拜别慈母膝下》等诗作。咸丰四年（1854年）作中篇小说《月鹃》（即《双鹃记》），编译《梦红楼梦》。咸丰六年（1856年）尹湛纳希20岁时，未婚妻不幸病逝。二人情深意切，倾心相恋，青春花季的未婚妻早逝，使他异常悲痛。自此，他改变了原来的志向，不再想通过仕途青云直上，光宗耀祖，转而专心致力于文学创作。他以喀喇沁王府的生活为背景，以自

己的爱情经历为素材，创作了长篇小说《红云泪》。

此后，尹湛纳希又以丰富的学识、跌宕的经历、敏锐的观察、深刻的思考为基础，从咸丰六年（1856

尹湛纳希创作的巨著《青史演义》

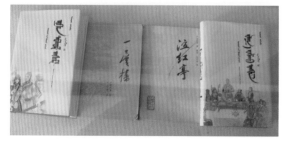

尹湛纳希作品《一层楼》《泣红亭》

年）开始专心投入文学创作，直至光绪十八年（1892年）病逝搁笔，先后创作了《一层楼》《泣红亭》《青史演义》等小说和大量的杂文诗词，又翻译了《红楼梦》《中庸》等经典名著，终成蒙古文学史上的一代巨匠。

国际著名蒙古学家札奇斯钦

札奇斯钦（1915～2009），汉名于宝衡，当代国际著名蒙古学家，世界十位杰出蒙古学学者之一。1915年2月14日出生于喀喇沁右旗王爷府大营子（今喀喇沁旗王爷府镇大营子村）。1937年毕业于北京大学。1938年就读于东京早稻田大学研究院，专攻历史研究法。1939年返回内蒙古。1948年末渡海赴台湾。

札奇斯钦终生研究蒙古史并取得了举世闻名的成果。中文部分主要著作有：《蒙古之今昔》《蒙古与俄罗斯》《北亚游牧民族与中原农业民族间的和平、战争与贸易之关系》《蒙古与西藏历史关系之研究》《蒙古秘史新译并注释》《蒙古黄金史译注》《蒙古史论丛》《旧游散记》《一位活佛的传记——末代甘珠尔瓦·呼图克图自述》《我所知道的德王和当时的内蒙古》《蒙古文化概说》《蒙古文化与社会》等多部。此外还有论文数百篇。

在他的成果中，有许多珍贵的近现代的、亲历的历史文化资料，这些资料填补了许多历史文化空白。

2009年7月（夏历闰五月），札奇斯钦于美国驾鹤西归。

蒙古族翻译家汪国钧

汪国钧（1853～1921），字翔斋，蒙古族，蒙古名卜彦毕勒格图，出生于喀喇沁旗王爷府镇下瓦房村。其父蒙古名朝鲁，汉名汪良辅。汪国钧幼年受过良好教育，其父为他请家教，学习蒙、汉、满三种语言文字。

其祖先原籍山东登州府汶县，后移居塞外。辽、金、元三朝以来，世居大宁城西。至明末，其先人或为喀喇沁之向导，或为清兵之翻译，屡立战功，被分归喀喇沁右旗蒙古籍。虽为汉姓，其资格却在蒙古族之上。康熙年间，跟随旗札萨克由大宁附近辗转迁徙至锡伯河川。乾隆初年，在下瓦房村落户。清代，汪姓一家，有七世为管旗章京之诰命。

旺都特那木吉勒阻击"金丹教"一役，汪国钧曾以"笔功齐"身份（相当于随军记者）参加，并将上烧锅作战情况详细记述在《蒙古纪文》中，这对后人了解当时事件之真相，是一个弥足珍贵的史料。

进入光绪二十年（1894年），汪国钧在整理资料的过程中，经过深思熟虑，细心研究，对这一事件找出多种原因；除此之外，还搜集并记载了近畿蒙古的一些事件和传说，为保留地区史料做出了巨大贡献。如对蒙古虎围的记叙，就揭示了喀喇沁右旗王府从公爷府迁到新址的原因，是便于更好地供职于乾隆皇帝；虎围的组织，是借鉴了清朝皇帝猎虎的形式，同时也保留了蒙古、契丹族的习俗。

贡王时期，汪国钧曾任管旗章京、毓正女学堂和崇正文学堂的蒙文教员。期间将陆君略先生编写的《喀喇沁远流蒙》译成蒙文；还为学生编写了《蒙文文法启悟》一书。

1918年应聘至大连日本满铁图书馆。译著有汉译蒙文《蒙古源流》，全面记述本旗近代史事的《蒙古纪闻》及《蒙文文法启悟》《喀喇沁源流要略便蒙》（蒙译）、《南海普陀山志》（蒙译）、《新译成语摘抄词林》等。

他在大连译书、写书用了一年时间，后返喀喇沁下瓦房家中。不久到外蒙古游历。1921年返回老家。途中正值盛夏，感染痢疾病故，享年68岁。

契丹文字专家邢复礼

邢复礼（1910～1983），字尔仁，本名锡里居泰，蒙古族，喀喇沁旗王爷府镇希庄人。北平燕京大学毕业后又留学日本，毕业于早稻田大学。热河省解放后，移居北平东四十二条胡同，任蒙藏委员会喀喇沁右旗驻北平代表。1948年与其挚友——黄埔军校一期、曾在莫斯科东方大学学习的白海凤相遇，二人同赴绥远一带参加"西蒙自治"活动。1949年9月在阿拉善旗起义。参加革命后，历任内蒙古自治区人民政府参事室参事，内蒙古政协秘书处副处长，内蒙古文史资料委员会办公室副主任，内蒙古政协参事室、文史馆联合办公室副主任等职。

邢复礼在契丹文字研究上颇有建树，是中国民族古文字研究会会员。1981年被聘为中国社会科学院研究生院论文答辩委员会委员。20世纪60年代初，他撰写了蒙古建筑史资料，承担了《大盛魁》史料的编辑工作，写了《贡桑诺尔布》一文。20世纪80年代前的《内蒙古文史资料》封面是他亲手题字，最初几期是经他征稿、定稿、编辑乃至校对出版的。

他学识渊博，擅长诗文和书画，精通汉文、蒙文、日文，通晓英文和法文。熟悉辽史、元史、金史和明、清历史。对史学、文学、语言学和考古学都有广泛兴趣和较深造诣。书法上，他师承清代书法家何绍基的笔体。

1971年，他参加了《绥远通志》的审稿工作。1972年应邀到内蒙古大学蒙古语文研究室从事契丹文字的研究工作，翻译了60余万字有关蒙古文字和契丹文字的日文专著。与其他4位同志共同撰写的《契丹小字解读新探》和《契丹小字汇编》，使这项研究取得了突破性成果。这个学术见解获得了国内外学术界的好评。逝世前，他完成了近20万字由日本学者爱宕松男写的《契丹古代史》译著，这部译著为我国契丹史研究和契丹文字研究提供了有价值的资料。

蒙古族学者苏赫

苏赫(1925～1999)，原名乌明玉，姓乌梁海（兀良哈），简称乌，者勒篾二十六世后裔，喇特纳锡第八世孙，是喀喇沁右旗札萨克亲王贡桑诺尔布

苏赫

自家远枝侄辈。其父乌远山，其祖业希钟耐（又称伊希仲呢）在喀喇沁右旗王府任协理，故而原住今喀喇沁旗亲王府院东的旮旯衙门。

苏赫自幼喜欢自然科学。上中学后读的是商科，学的是货币、会计、市场规律、商标设计等经济学方面的知识。后进哈尔滨农业大学，1943年毕业。1946年2月参加工作。1946年2月至1948年3月任内蒙古自治运动联合会卓索图盟分会青年科科长、敖汉旗支会主任、中共热辽地委卓东工作委员会秘书科科长。1948年4月至1961年12月，先后任热辽分区公安处侦察科科长，辽西省公安厅工作队队长，热河省公安厅三处、五处秘书、科长。后到内蒙古昭乌达盟公安处负责内研工作。1962年2月至1966年2月任昭乌达盟文物工作站站长。1967年至1972年在"五七"干校劳动。1973年至1981年12月，任昭乌达盟文物工作站站长。1982年至1985年任政协昭乌达盟委员会副主席。1986年至1999年1月任政协赤峰市第一、二、三届委员会副主席。1986年至1998年任政协全国委员会第六、七、八届常委。同时兼任中国考古学会会员、内蒙古考古学会副理事长、中国辽金史学会副理事长、中国古代少数民族古语言文

字学会理事、赤峰市历史学会、辽金元学会和红山文化学会会长等职务。在契丹小字和文物研究方面取得丰硕成果。曾获内蒙古自治区特殊贡献金质奖章。

他学过德语、英语，精通日语、蒙古语、汉语，乐琴棋，善书画、金石，是一位自学成才、博学多识的蒙古族学者。在从事公安工作期间，就著有《追踪学》。后来和历史研究结缘，发表了《大唐营州都督许公德政碑考证》《敖汉石羊石虎山墓葬发掘清理报告》《赤峰南山根石棺墓发掘报告》。还翻译了日本考古学家秋山进午的《东北初期金属文化》，介绍了日本学者对中国历史的研究成果。

他对契丹文的研究，卓有成效。他把契丹文同阿尔泰语系进行对比分析，翻译了一些契丹小字和碑文，发表了《故耶律氏铭石考释》，不但第一次释出了契丹小字《道宗皇帝哀册》《道宗宣懿皇后哀册》和《故耶律氏铭石》，它们的撰者都是契丹人耶律固；补充了《辽史》内容，而且也是全国最早能够找到契丹小字规律，并能辨认契丹小字的学者之一，对契丹文的研究做出了重要贡献。

他在《历史与考古》上发表的"试论西辽河流域早期青铜文明"，第一次运用翔实的史料论证了内蒙古西拉沐沦流域的青铜文明早于黄河流域的黄河文明，在国内外史学界引起了高度重视。20世纪90年代后，他又倡议组织编写《赤峰史》的工作。

他和同志们对赤峰各地的历史状况进行了广泛调查和大量的古墓葬发掘工作，获得了各种文物2万多件；他创办的内蒙古自治区各盟市中第一个文物商店——昭盟文物店，为国家收藏了2万多件流散文物，还培养了一批流散文物鉴定人员，为赤峰文物站的建立和整理赤峰历史史料做出了突出贡献。

特别是在破"四旧"的年代，他冒着生命危险，从巴林左旗红卫兵的包围中抢救出了全国唯一的一套用金粉写的《甘珠尔经》，为保留国宝级文物立下了汗马功劳。

1991年5月，他同刘凤翥、陈乃雄等研究契丹文的专家一同赴日本京都参加了"契丹文学术会议"。1993年8月，亲自在赤峰组织了首届中国北方古代文化国际学术研讨会，通过与国际友人、专家学者的交流，把"红山文化"的交流与研究推向新高度。

蒙古语文学专家白荫泰

白荫泰（1921～2006），蒙古族，内蒙古喀喇沁右旗（今喀喇沁旗）人。中央民族大学少数民族语言文学系教授。

早年毕业于喀喇沁右旗崇正师范学校、奉天农业大学农学科。中华人民共和国成立后，入北京教育行政学院学习并按期毕业。曾任北京蒙藏学校专任蒙文专业教员、教导主任、副校长。后调入中央民族学院，任语文系蒙古语文教研组组长、少数民族语言文学系副主任。讲授"蒙古族现代文学史""蒙古族简史""蒙古族新文学"等课程。连任三届蒙古古近代文学专业硕士研究生导师，又任苏联进修研究生导师。曾兼任中国民族语言学会、中国蒙古语文学会理事，北京《民族志》副总编辑，《蒙族志》编写组组长。1987年9月，应邀参加内蒙古大学国际学术讨论会。1991年8月，应邀参加第二届国际汉学者学术讨论会。曾任《中国各民族宗教

白荫泰

与神话大辞典》编委，参加编辑《教育大词典·民族分册》工作。

主要论著：《布里亚特语语法》（俄译蒙）、《论文学传统的继承性》（蒙文）、黑龙江省蒙古语文学会会刊《蒙古学》《蒙古族旺、贡二氏生平及其汉文诗词》《中央民族学院学报》、1986年第3期"蒙古人的种族起源和文化源流"（俄译汉）、《日蒙汉三语对比研究》《自学日语读本》（蒙文缩写本）等。

内蒙古革命先驱
特木尔巴根

特木尔巴根（1901～1969），汉名鲍仁山，化名张志远、扎木苏。喀喇沁右旗大牛群平顶山村人。

特木尔巴根10岁入私塾，15岁入崇正学堂，18岁入北京蒙藏学校读书。1919年参加了"五四"青年运动。1925年加入内蒙古人民革命党，并被派往蒙古人民共和国和苏联莫斯科东方大学学习。1928年加入苏联共产党。1929年，奉共产国际和中共中央驻共产国际代表瞿秋白派遣，回国做地下工作。

1932年4月，特木尔巴根、朋斯克两人在科左中旗组建"内人党"基层组织，吸收二三十名青年参加。并根据第三国际关于不搞暴动，要做好长期潜伏并暗中组织、发动各方面群众的指示，放弃原来的暴动

打算，到达尔罕王府第四小学当了校长。任校长期间，他经常以文天祥、岳飞以及嘎达梅林的故事为教材，对学生进行爱国主义教育。

为便于开展工作，他又把表弟从喀喇沁右旗找来，以校役为掩护，给他当秘密交通员，因此他向第三国际提供了不少日本人在内蒙古施政的情报。

1941年6月，特木尔巴根因海端被捕受到牵连，被关进伪兴安省警务厅监狱。在审讯中他被严刑拷打，并用了电刑。特木尔巴根大义凛然，坚贞不屈，未暴露任何秘密。后经伪科左中旗旗长色拉哈旺珠尔及仁钦莫德格等人出面，以人头担保，才把他释放出来。

1949年的特木尔巴根

1945年8月苏联出兵，特木尔巴根很快与苏军取得了联系。为早日与中国共产党接触，他派包玉珥到锡林郭勒盟去找乌兰夫、奎璧等人。乌兰夫随即派克力更来东蒙，住在特木尔巴根家里。自此，他直接参加了中国共产党领导的革命斗争。

1945年冬，内蒙古人民革命党在乌兰浩特举行会议，成立内人党东蒙党部，特木尔巴根当选为执行委员。同年冬，在乌兰浩特成立了内蒙古革命青年团，特木尔巴根当选为总部书记。

为使东蒙不落入国民党手中，从1945年11月开始，特木尔巴根等人在乌兰浩特着手成立东蒙自治政府的筹备工作。他们从伪兴安军中挑选200人，进行了教育和整编，编成四个剿匪队，开展剿匪活动，稳定了白城、洮南、突泉一带的秩序。1946年2月在葛根庙成立了东蒙自治政府，特木尔巴根任委员。

1946年4月他参加了在承德召开的"四·三"会议，会上他坚决赞同中国共产党关于取消东蒙自治政府，由内蒙古自治运动联合会统一领导内蒙古自治运动的决定。会议期间，经乌兰夫、刘春介绍，特木尔巴根加入了中国共产党。同年5月，在乌兰浩特召开大会建兴安省政府，特木尔巴根当选为省主席。

同时着手建立内蒙古自治区的筹备工作。

1947年5月1日内蒙古自治区成立，特木尔巴根被选为自治政府委员，担任经济部长、中共内蒙古工委候补委员。1949年出席第一届全国政协会议，并被选为中央民族事务委员会委员。同时被选为中共内蒙古分局候补委员、自治政府财政厅厅长。1954年被选为内蒙古高级人民法院院长、党组书记，并被选为全国人民代表大会代表、人大常委会民族委员会委员。1955年被选为中共内蒙古自治区常委。

文化大革命中，特木尔巴根遭到迫害，于1969年7月31日含冤逝世，终年68岁。

内蒙古早期革命者
乌勒吉敖喜尔

乌勒吉敖喜尔（1902～1989），喀喇沁右旗桥头湾子村人。早年在北京蒙藏学校读书时，就开始阅读进步书刊，接触马列主义理论。1925年10月赴苏联莫斯科东方大学学习。1927年五、六月间到乌兰巴托作内人党党务工作。同年8月，在乌兰巴托参加内人党执委扩大会议，会上他旗帜鲜明地同白云梯等右翼势力做斗争。

1928年春，奉第三国际代表和内蒙古人民革命党中央指派，到内

蒙古锡林郭勒盟和察哈尔地区开展地下工作。1929年冬，又被派往哲里木盟、昭乌达盟、兴安盟等地活动。

1932年，根据第三国际代表的意见，经与特木尔巴根、朋斯克、哈丰阿等共同商量，以参加伪满新开辟地区的工作为掩护，开展革命活动，促进民族自治。

1939年，乌勒吉敖喜尔打入伪蒙疆军，担任副官、少将师长等职，既隐蔽了自己，又在伪军中开展反帝、反封建、反对民族压迫的宣传。利用职务之便，他经常把了解到的日伪军及蒙疆军政的情报及时向第三国际和内人党中央反映。在此期间，他一直同中国共产党大青山游击队保持联系。1945年8月10日，他带领伪军第九师等部队投向革命，到蒙古人民共和国进行整训。同年年底率部返回内蒙古，组建内蒙古人民游击队，在晋察冀军区领导下，参加了锡林郭勒、察哈尔、乌兰察布地区的解放战争，胜利完成了保卫革命根据地的任务。1947年1月，经乌兰夫、奎璧介绍，加入中国共产党。

解放战争时期，乌勒吉敖喜尔历任内蒙古游击队队长、内蒙古人民自卫军第四支队队长、内蒙古人民解放军骑兵十一师师长、晋察冀察北蒙汉联军副司令、锡察军区司

令员等职。多次亲临前线指挥作战，卓有成效地完成了上级交给的各项战斗任务，并配合主力部队解放了张家口。

1949年4月，乌勒吉敖喜尔转业到地方工作，历任内蒙古交通厅厅长、党组书记，内蒙古经委副主任，内蒙古建设厅厅长、党组书记等职。内蒙古自治区人民政府成立时，被选为自治区人民政府委员，连续五届担任自治区人民代表大会代表。

1989年4月，病故于呼和浩特，终年87岁。

威震敌胆的游击队长郝瑞廷

郝瑞廷（1911～1944），喀喇沁右旗旺业甸东局子西南沟大二道沟人。

旺业甸隔山搭冀，东连宁城，西靠围场，群山莽莽，森林密布，自古来就是兵家必争之地，又是土匪藏匿横行之所。伪满时期，臭名昭著的匪首伊相臣、金克秀在这里恣行多年，杀人越货打家劫舍，老百姓饱受其害，恨之入骨。

日军入侵后，金克秀又死心塌地地投靠日本人，成为侵略者的重要帮凶。我党领导的抗日游击队曾多次策划除掉金克秀，但由于地形复杂，再加上他们行踪诡秘，昼伏夜出，始终没有得手。

这个恶贯满盈的土匪头子，后来毙命于一个山里猎人之手。他就是后来声名远扬的抗日英雄郝瑞廷。

当年郝瑞廷二十五六岁，身材魁梧，浓眉大眼，有一手好枪法。

据说他百步穿杨，弹无虚发。金克秀多次想拉他入伙，郝瑞廷拒不接受，便引起了金克秀的仇视，还带领土匪砸了郝瑞廷的明火。

日军入侵后，他目睹了日寇的种种暴行，尤其痛恨那些助纣为虐的汉奸走狗。当时共产党领导的抗日游击队正辗转于宁城和喀喇沁东

郝瑞廷东局子二道沟院落遗址

正前方就是打死金克秀的十八盘道北坡

局子一带，频频给日军以沉重打击，郝瑞廷受到了极大鼓舞。于是他决心杀掉金克秀，为老百姓除害。

为了能掌握金克秀的行踪，他与金克秀手下的一名匪徒结为朋友，不时请吃请喝，给一些猎物。关系紧密后，郝瑞廷便要求他说："以后金克秀什么时候来东局子西南沟，你一定要想法告诉我，我好提前躲起来，免得他抓住杀了我。"匪徒一听这个要求很合情理，便一口应承。

机会终于来了。1938年初秋，郝瑞廷接到"朋友"密报，说金克秀后天要通过东局子十八盘道去宁城砸窑，大概有20多人。郝瑞廷立刻抓紧准备，擦拭枪支，备足子弹，以确保万无一失。

在金克秀出发的那天，天还没亮，郝瑞廷就趁着夜色潜入十八盘道。这十八盘道位于东局子西南沟里，地势险峻，怪石遍坡，森林蔽日。行人过山，只能沿着一条曲折盘旋十八道的羊肠小道登顶。郝瑞廷找了一个既隐蔽又便于射击的位置潜伏起来。

将近中午，金克秀来了。因为人多目标大，自恃艺高胆大的金克秀只带了20多人。等金克秀走进了郝瑞廷最理想的射击位置，郝瑞廷屏住呼吸，目不转睛，果断地扣动了扳机，呼啸的子弹准确地击中了金克秀的头部，匪首应声倒地。趁着众匪慌乱之机，郝瑞廷钻进茂密的丛林，跑了。

金克秀被击毙的消息不胫而走，乡亲们拍手称快，奔走相告。金克秀匪帮群龙无首，作鸟兽散。这件事对伪警公所和汉奸走狗形成了很大震慑。

1941年春，共产党领导的抗日游击队来到郝瑞廷的家乡东局子西南沟，他毅然参加了革命队伍，走上了出生入死的抗日战场。不久后他到冀东军区教导大队受训，后被派到高桥率领的三区队任支队长，活动在宁城、平泉、喀喇沁等地。

1942年日寇实行集家并屯以后，抗日战争进入了非常艰苦的境地。

东局子就成为高桥支队的藏身之地。郝瑞廷老家东局子西南沟有一个"大石棚"，由三块天然巨石形成，有一间屋子大小。高桥、郝瑞廷就把这里作为临时驻所，白天藏在"大石棚"休整，由东局子的抗日堡垒户送饭，晚上出来打击敌人。所以东局子的老百姓们都非常熟悉高桥部队，并给予了大力支援，形成了亲密无间共同抗日的局面。

1944年2月4日，郝瑞廷率小分队去宁城执行任务。由于叛徒告密，在宁城二十家子村小梁子被数百名日伪军包围。郝瑞廷带领小分队与日伪军展开了浴血奋战并设法突围。子弹打光了，就展开白刃战。

抗日时期的指挥所大石棚

战斗持续到半夜，由于众寡悬殊，30多名游击队员全部牺牲。郝瑞廷已冲过小杨树沟南岔梁，但看到有的战友负伤，又返回掩护，结果中弹负重伤。在生命垂危之际，他将自己使用多年的盒子枪扔进长满荆棘的乱石丛里。由于失血过多，郝瑞廷倒在了养育他的土地上，年仅33岁。

双枪女八路王桂兰

抗日战争时期，在热河省北部承（承德）、平（平泉）、宁（宁城）一带流传着一位抗日女八路王桂兰的传奇故事。

在老区人民的传说中，这是一位俊俏美丽、大胆泼辣、机智勇敢的女英雄。她手持双枪弹无虚发，翻山越岭如履平地，还善于化妆易容，有时是丑村姑、俏媳妇，有时是俊小伙、老太太，神出鬼没，威震敌胆。

1919年12月22日，王桂兰出生于宁城县一肯中一个穷困人家。因没人管，便长就了一双大脚，这为她日后参加革命提供了极大方便。由于家境贫寒，14岁那年，由其伯父做主许配给喀喇沁旗旺业甸东局子村二道沟李臣为妻。婚后因丈夫终日不务正业，扎大烟、玩女人、干"黑活"（拦路抢劫或砸明火），王桂兰经常规劝而招致丈夫的谩骂和拳脚。这时，高桥、郝瑞廷等抗日游击队已在这一带活动了。凭着强烈的正义感和爱国热情，王桂兰积极参与抗日活动，做军鞋、送饭、跑腿送信……事事她都跑在前面。

王桂兰（右）与妹妹留影

王桂兰（右）与女儿徐秀珍合影

就这样，她得到了游击队的充分信任，却引起了丈夫更大的反感。忍无可忍之下，1942年8月，王桂兰在表哥赵洪武的引荐下，毅然决然参加了八路军。

参军后，王桂兰就在高桥游击队里。她不仅在发动妇女做军鞋、照顾伤员、送信、带路等方面做了大量工作，而且1942年秋，在宁城县境内的盘道梁、三道梁、水泉沟梁三次战役中，他们三战三捷，打死了县协和会会长任科和宪兵队长夏古，使高桥游击队和女八路王桂兰名声大震。王桂兰双手使枪，人们都称她"双枪女八路"。

王桂兰聪明机敏，在攻打宁城县公署、警察署的战斗中，她主动

请缨并献计：在县里的集日，她打扮成回娘家的农村小媳妇，让赵洪武扮做丈夫给她牵着毛驴，先自进城，然后找十几个战士扮作挑炭的汉子再陆续混进城去。她的计策得到了大家的认可。高桥又命令部队潜伏在周围的四个寺庙里，为一旦智取不成再行强攻做好了准备。高桥带领王广生从后墙跳进警察署院子，摸进了警长齐子珍的屋内，说服了齐子珍答应配合八路军。然后，高桥扮作日本军官，王广生扮作他的翻译，假传日伪热河军管会会长姜全我和日军西南边境防卫司令岸谷的命令："令宁城警察署全体荷枪跑步急奔王爷府，那里被八路军三区队包围，火速增援，不得有误。"警察们深信不疑，被骗走了。八路军乘虚而入，不费一枪一弹，占了大满号、财政局、银行、火药库等，缴获了大量军火、粮食、布匹、药品等，大获全胜。

1947年王桂兰与李臣离婚，同年9月16日经组织同意，与在十九分区后勤部工作的徐祥云结婚。1949年3月，在徐祥云的老家旺业甸东局子村落户。

王桂兰在冀东经过如何做好妇女、卫生工作培训的时候，就学会了一些医疗知识，不但会看病，还会接生。乡亲们有病就找她，既省

钱又能治病，半夜三更被喊起来去看病或接生是常有的事。

1979年2月21日，王桂兰因病医治无效，与世长辞，享年61岁。东局子的乡亲们都来为她送葬，规模之大，人数之多都是当地罕见的。

"红色"蒙医乌金宝

乌金宝（1890～1961），梵名胡日勒，喀喇沁右旗王爷府大庙村人。18岁开始跟随奇达喇嘛学习蒙医，5年后随师父行医。经过10年的刻苦学习和临床实践，他掌握了较高的蒙医理论，积累了丰富的临床经验，经师傅考核，允许其独立

行医。乌金宝对治疗黄疸型肝炎、口腔疾病有独到之处，而且医术高明，讲究医德，对危重病人常昼夜亲身治疗和护理。

1945年抗日战争时期，乌金宝家住白太沟村。当时白太沟村是八路军经常活动的地区，他们白天在山上打游击，晚上到群众家开展革命工作。八路军游击队经常来找乌金宝看病治伤，并在他家吃饭。后来这些情况被当地伪甲长胡宪章发现，为了讨好日本鬼子，就向驻赤峰的日本宪兵队告了密。宪兵队立即派人来抓乌金宝。乌金宝刚骑马

乌金宝在大庙前留影

乌金宝（右）与老伴、女儿合影

看病回来，看到白太沟门有日本宪兵在走动，他估计是抓自己来了，立即调转马头就往回跑，一口气跑到王爷府大庙隐藏起来，这样才免遭日寇毒手。

中华人民共和国成立后，王爷府区区长刘彦春来到乌金宝家，对他说："你的医术高明，而且对八路军有功，你就给我们机关和部队看病吧。"从此，乌金宝就专给机关和部队的人看病。有一次，刘彦春区长右大腿长了骨结核疮，经过乌金宝的精心治疗，很快痊愈了。

那时王爷府地区没有医院，刘彦春区长让乌金宝一边看病，一边培养徒弟。他就带了5个徒弟，专学蒙藏医。不久土地改革开始了，他家被划为富农。有一次，杨雨民省长来到王爷府政治处，刘彦春区长对杨省长说，乌大夫对革命有贡献，他的药品、马和他本人用的东西就给他留下吧，除此以外的财产按政策归公。乌金宝很感激共产党的政策，一直悉心地为干部群众看病。

后来，乌金宝在喀喇沁旗政府和卫生部门的大力支持下，一边治病，一边讲学授徒，在福会寺开办了"蒙医学习班"，为本旗和外旗培养了一批蒙医骨干。

1961年，乌金宝因病去世，享年71岁。

"硬舌头"霍进祥

霍进祥（1909～1946），祖籍河北省围场县，十几岁时父母相继去世，历经十几年的讨饭、当苦工的苦难生活，后来到喀喇沁旗大西沟门村落了户。

霍进祥心肠好，活计好，性情耿直，不久就在当地获得了好人缘。在清算斗争、减租反霸和支援前线工作中，又总是走在前头，所以就被大家选为大西沟门村的农会主任。王爷府区政府还曾把大西沟门村评为"支前模范村"。

1946年旧历腊月十八，天刚蒙蒙亮的时候，就听见接连不断的枪炮声。霍进祥赶紧背上火枪，提上战刀，找上副村长张歧山到村外瞭望动静。两人刚走到村口，看见有人抬着担架走过来，就迎了上去。

由于天黑，再加上霍进祥的视力不佳，就把这伙溃退下来的国民党匪军当成了解放军，便上前说了声："同志们辛苦了！"于是接过担架抬着就走。等他反应过来，为时已晚，他俩就被国民党兵抓住绑了起来。

国民党匪军把霍进祥押到一个地主家，吊在杏树上说："你是农会主任吗？干部都上哪儿去了？"霍进祥毫不畏惧地说："我是农会主任，干部就我一个人。"匪兵发怒了，"你要不说老实话，就打死你！"接着鞭棍齐下。霍金祥咬定牙关说："打死，也是我一个人！"

一个敌军官过来问："你舌头这么硬，难道就不怕死吗？"

"怕死不当干部！"霍进祥怒视着敌人厉声回答。

敌军官又问："你说国民党好

霍进祥牺牲地。牺牲时这里有一棵杏树，现已不存。

大西沟门南山阿依嘎沟门霍进祥埋葬地

哇，还是八路军好？"

霍进祥斩钉截铁地说："八路军好！国民党是遭殃军，国民党是卖国贼！"

敌军官说："只要你说一句国民党好，今后不再给八路军办事，马上就放了你。"

霍进祥像钢铁一样坚强，说："就是八路军好，不让我给八路军办事，办不到！"

敌军官拷问了很久，他就是没有说出国民党一个"好"字来。敌军官气疯了，大声叫道："你再说八路军好，就把你活活冻死！"吼完就叫人剥掉了他快要被打烂了的棉衣，从头顶上浇凉水。寒冬腊月，滴水成冰，水随泼随冻，一会儿工夫，

霍进祥就被冻成了一个身穿冰甲的巨人，棍子、鞭子抽打上去，冰碴四溅。然后再泼水，再冻上。

从下午到深夜，霍进祥被折磨得奄奄一息，但临死前还说："八——路——军好……"

腊月十九日凌晨三点钟，霍进祥这位坚贞不屈的硬汉英勇牺牲了。

国民党匪军把他的尸体扔在野地里，说是让狗来吃掉。但第二天黑夜，群众就把他的遗体偷到南山的阿依嘎沟门埋葬了。

后来冀察热辽胜利剧社根据霍金祥的事迹，写出了《硬舌头》剧本，在大西沟门、王爷府等处作巡回演出。从此，人人都称颂他是忠于党、忠于革命的"硬舌头"。

悬壶济世郑宗汉

郑宗汉（1887～1959），字文林，出生于喀喇沁右旗公爷府一个农民家庭。幼年读过私塾，青年时在赤峰学做生意，后因双亲相继去世弃商回家务农。

民国二十三年（1934年），当时公爷府地区缺医少药，郑宗汉又家境贫寒。一次妻子得了重病，就借头毛驴到几十里外去请一位中医先生，没有请动；二次用马去接，还没请来，非用小车子接才能出诊。妻子因拖延时间太久，流血过多而死去。郑宗汉从此立志学医，发誓自己学成之后，不论贫

郑宗汉读过的有关书籍

郑宗汉药方记录

富老幼，有请就到，有求必应，决心为广大民众解除病痛。

郑宗汉从47岁起开始自学中医，经过四年多刻苦努力，自学了中医基础理论，中医经典著作和内科、外科、妇科、儿科等医学知识，开始边务农边行医，义务为民众治病，不取任何报酬，还把自己配制的各种丸、散、膏、丹送给患者服用。后来由于上门求医的人越来越多，为了实现自己多年的夙愿，从此弃农行医，先后在"复兴德药店""民生药店"和"中医联合诊所"行医数十年。1956年公私合营时转为正

郑宗汉

式职工。

　　郑宗汉勤奋好学，对医术精益求精，特别对妇科、儿科疑难病症的治疗有较丰富的临床经验，为很多患者解除了病痛。如公爷府街的陈林、魏和平、邱振国等人的妻子患不孕症多年，经他细心诊治，后来都儿孙满堂；原工会主席苗如义之子苗树合幼时患重病，经多方医治无效，生命垂危，郑宗汉先生精心治疗，挽救了他的生命。苗树合经常说："我永远不会忘记我的救命恩人郑老先生。"

　　郑宗汉晚年，每天除接待大量求医的患者外，还抽早晚时间给徒弟和一些青年医生讲授中医课程和临床经验，并将自己几十年治疗小儿麻疹及并发症的实践经验系统地进行总结，编写成册，向青年医生传授。

　　他始终遵循自己的诺言，不分贫富老幼，有求必应，随叫随到，以高超的医术和崇高的医德赢得了公爷府地区广大民众的爱戴和同行

郑宗汉在教授学生韩奎富（左）和朱玉宗（右）

郑宗汉参加热河省首届中医代表会

的敬仰。1954年被推选为出席热河省卫生系统中医先进代表。曾多次被评为喀喇沁旗卫生系统先进工作者，被选为旗人大代表。

有父亲做榜样，其子郑瑞峰也非常优秀，为喀喇沁旗文物工作，做出了很大贡献。

舍己救人的孙玉坤

孙玉坤（1959～1983），喀喇沁旗原美林乡人。从部队退伍后到美林乡任武装干事。

孙玉坤在部队就多次立功受奖，回到地方后，他工作积极肯干，认真负责，深受领导和群众信任。

1983年8月10日下午，孙玉坤带领74名民兵进行手榴弹实弹投掷训练。他严格按训练大纲要求和操作规程，预先构筑了马蹄形掩体，试投了两枚，确信靶场和掩体安全可靠，便开始组织投掷。

随着手榴弹连续不断的爆炸声，训练有条不紊地进行着。第三十四

名投弹手走出掩体，孙玉坤又给他讲解了投弹要领，告诉他要沉着冷静，并为他打开弹盖，取出拉火环，交给他，然后下达了投掷命令。

这位投弹手初次投实弹，心情紧张，挥臂引弹时，手榴弹脱手，落在了投弹手右后侧2.6米处。导火索"嘶嘶"地冒着烟，投弹手已呆在原地，不知所措。说时迟、那时快，距险弹3.3米处的孙玉坤，见势危急，来不及采取排险措施，飞步跨到投弹手右侧，用力将投弹手推倒顺势趴到其身上。一声巨响，手榴弹爆炸，孙玉坤用身体挡住了弹片，投弹手安全脱险，孙玉坤却因伤势过重光荣牺牲，牺牲时，年仅24岁。

1984年6月，内蒙古军区为孙玉坤追记一等功，内蒙古自治区人民政府追认他为革命烈士。

锡伯河之子张秀

张秀（1959～1994），喀喇沁旗西桥镇人。1976年10月参加工作，1981年12月加入中国共产党。当过邮递员、汽车修理工，参过军，做过旗民政局秘书、优抚股股长、旗委宣传部干事，任过旗老干部局副局长、旗老干部活动中心主任。

1994年7月15日。连续两天的暴雨，使锡伯河承受不了挟着泥沙树木的洪水的冲撞，河岸的堤坝告急。数千名抢险队员日夜奋战，但险情犹在。从上游冲下来的树木淤积在河中心，使洪水涌向两侧的大坝，南岸堤坝4处已经塌陷，长达十几米。一坝之隔就是一大片居民区。

清除河心的树木，减轻坝基的压力，这是唯一的良策。几名略识水性的党员带头下到湍急的河水中。

这时，在另一处拽树的张秀看到有人下水，急忙赶过来，二话不说，就跳进水里。

洪水的冲击，把河床刹出道道深沟，加之水急浪大，下水的人趔

趄着站不稳。张秀刚要提醒大家："要稳住脚。"一个大浪劈头盖脸扑来，张秀手中的绳子脱落了，水裹着他瘦弱的身体向下游冲去。锡伯河水再也没有托起张秀的身体。7月16日晨，人们在下游5公里处发现了他的尸体。

假如张秀不是因为患痢疾刚输完液而身体虚弱，假如张秀不是因为两天两夜奋战在抗洪抢险工地缺乏休息而体力不支……人们惋惜，但张秀还是走了。留给人们的只有无限的怀念……

在民政局任优抚股长时，他分管光荣院工作。为了让老人们晚年幸福，张秀跑东跑西为光荣院争取项目，先后办起了商店、诊所，帮老人们开了一个葡萄园，建了温室。1989年，光荣院被评为自治区级拥军优属先进单位。

就在他牺牲的前不久，为了维修老干部活动中心的楼房，作为活动中心主任，他托战友，找熟人，起早贪黑，跑钱跑物。修房的那些日子，他一直跟着干活，直到把楼房修葺一新。

那年张秀在美林太平庄下乡，女儿生病，高烧不退，妻子托人捎过几次信，让张秀回来，可那会儿，他正忙着组织群众修乡间公路，没有回来。

服役时的张秀

妻子买了个相机，和张秀说过好几次全家出去玩玩，照照相，可张秀硬是抽不出一个星期天……

办义学重教育的吴紫云

吴紫云（1894～1979），学名吴瑞升，字紫云，蒙古名沃鲁德。光绪二十年（1894年），生于喀喇沁右旗大牛群西三家村。幼时家庭贫困，难得穿一件新衣。

吴紫云自幼酷爱读书，其父见其聪明，让其学习一夏汉开，一冬蒙开。后实在读不起，他便在劳动空闲时自学，并拜山东先生何命章为师学"四书""五经"，边读边写。26岁时，其父病故，为贴补家用，吴紫云到小牛群"大兴永"杂货铺站柜台，学会了打算盘和记账。27岁应邀到大牛群教学。他广泛结交读书人，丰富自己的知识。后来先后到公爷府巡警局、公爷府盐务督销局当会计。20世纪20年代，吴紫云又动员公爷府董巡官二夫人办义学，招收了50多名学童，并筹划办正式学堂。经他多方活动，从地亩捐中抽留教育基金，伪满时由一李姓局长用此资金建了公爷府河南完小。吴紫云一生重视子女教育，其子女、子侄都入学堂学习，并都有成就。

东北沦陷时，吴紫云曾任伪旗公署行政科行政股股长、土地股股长等职。在任期间他一方面认真钻研学问，一方面在日伪统治下尽量为老百姓说话。

1945年8月，日本帝国主义投降，地方成立维持会，吴紫云任主任，他将日伪物资交给了八路军。人民政权成立后，吴紫云被选为公爷府村村长，土改时，按统战人士对待。土改后，吴紫云任公爷府完小总务主任。此后，他的世界观发生了转变，他努力学习毛主席著作，"朝闻道，夕死可矣"。退休之后，他积极发挥余热，写新闻、搞创作，歌颂党、歌颂新社会。内蒙古文史馆特聘其为地方通讯员，每月补助其40元生活费，报销医疗费、旅差费，盟政协聘其为特邀委员，他除了写诗编歌，撰写史料外，还编写新施肥法到旗各地进行宣传。由于他工作出色，先后参加各类参观团，并曾与朱德、乌兰夫等国家领导人合影留念。

1979年吴紫云病逝，享年85岁。

鬼斧神工

HUASHUONEIMENGGUkalaqinqi

鬼 斧 神 工
GUIFUSHENGONG

喀喇沁旗山水秀丽，风光奇特。有茅荆坝莽莽林海，有马鞍山奇峰秀石，有"韭菜楼"高山湿地；人们寄情山水，蕴意自然，这里的山水草木，都有灵气，又都是故事。

国家森林公园茅荆坝

茅荆坝原名默沁察汗陀罗海山。地处河北省与内蒙古自治区交界处，属燕山山脉七老图岭余脉，主峰敖包山海拔 1852 米。

茅荆坝国家森林公园地热资源丰富，温泉水含有偏硅酸、硼、锶等数十种对人体有益的微量元素，具有消炎散瘀防、治风湿关节炎之功效。

景区以自然山水景观为主，山势雄伟壮观，奇峰异石林立。有承德市母亲河——武烈河的源头。2000多年前,北魏地理学家郦道元在他的《水经注》中所记述的"三藏水"中的西

燕山山脉北麓河北省隆化县与喀喇沁旗交界的茅荆坝

101

藏水（鹦鹉河）和中藏水（茅沟河）就是从该地发源的。形成于第四纪冰川的平顶山石海风景区在公园西部，由数以万计大小不一的巨石组成，高低错落，层层叠叠的石块犹如波澜壮阔的大海，气势磅礴。

老哈河

老哈河，是辽河西源西辽河上源，古代称之为乌侯秦水，蒙古语称之为"老哈木伦"。"老哈"来自于契丹语，是"铁"的意思。发源于河北省七老图山脉海拔1490米的光头

老哈河

山，向东北流入内蒙古自治区赤峰市境内，于翁牛特旗与奈曼旗交界处，与自西向东流的西拉沐沦河汇合后成为西辽河。老哈河长约425公里（一说445公里），流域面积约3.3万平方公里，主要支流有黑里河、坤兑河、英金河、羊肠河、崩河、饮马河等河流。老哈河流域人类文明历史悠久，创造出新石器时代"红山文化"的先民们就曾生活在老哈河畔。由契丹族建立的辽中京，也于河畔迎接过无数个日出日落。

喀喇沁的高山湿地"韭菜楼"

"韭菜楼"原名察汗陀罗海山，海拔1806米。这里森林茂密，水草丰美，景色迷人，一年四季随季节

韭菜楼　梅林／摄

变化呈九色。清代皇家狩猎曾到此　片、陶瓷、箭镞、矛头等。
山，至今山顶上还能见到残存的瓦

"塞北小黄山"马鞍山

马鞍山位于内蒙古赤峰市喀喇沁旗锦山镇东南5公里处，属燕山山系七老图山脉东麓。

马鞍山国家森林公园森林面积2400公顷，奇峰40余座，森林茂密，环境幽雅，景色迷人，古松、奇峰、云海、清泉堪称"四绝"奇观；四季景色迥然不同，气象万千，有"塞北小黄山"的美称。该山因一座酷似马鞍的山峰而得名。

要说起这一巨大无比的"马鞍"来，当地流传着许多传说和故事。

相传在很久很久以前，北方的草原上是一片富庶安康的景象。西拉沐沦河与老哈河哺育了美丽的草原，牧民们过着幸福平静的生活。突然，不知从什么地方，来了一个名叫蟒古斯的魔王，破坏了草原的宁静。这些妖魔鬼怪不但祸害草原的牛羊，甚至于吃人肉、喝人血，使草原上的人们无法安居乐业，乃至于四散逃避，流离失所，但仍然逃不出蟒古斯的魔爪。

这时候，有一个名叫巴雅尔的青年人站出来对逃难的百姓说：

"反正逃到哪里也是死，不如我们团结起来共同想办法杀死魔王，或许还会争得一线生存下去的希望呢！"

人们听了巴雅尔的话，觉得有道理，便集聚起来，推举巴雅尔做他们的首领，年轻的男人都拿起武器，开始反抗蟒古斯的暴行。

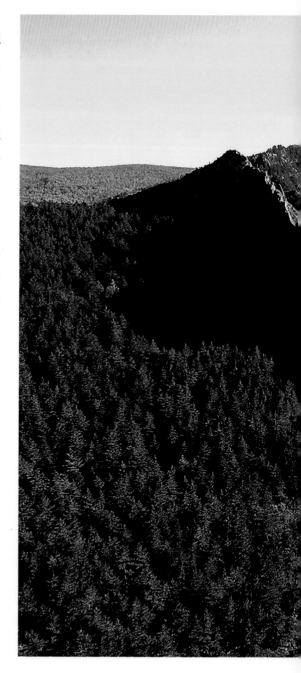

巴雅尔与魔王的第一次交锋是在西拉沐沦河的源头，他们向魔王手下的妖魔鬼怪发起了反击。激烈的战斗进行了三天三夜。由于没有作战经验，巴雅尔他们被杀得溃不成军。没有办法，巴雅尔只好带领

马鞍山

人们向南转移。

巴雅尔与魔王的再一次交锋是在英金河畔。他们经过休整和训练，吸取第一次交战失败的教训，再一次向魔王派来的魔兵发起了反击。这一战，双方打了九天九夜，直杀得血流成河，尸骨堆成了红色的山峰。魔王一看自己的部下被杀得大败，赶紧使出绝招。它念动咒语，刮起暴风。一时间，大树被折断推倒，草根都被拔起，石块被大风吹得像车轮一样飞转，沙子像水流一样向巴雅尔他们冲去，吞没了巴雅尔他们的营地和百姓的村庄。巴雅尔他们招架不住，再次被打败了。

巴雅尔与魔王的第三次交锋是在锡伯河畔。这一次，草原上所有的人们都开始向上天祈祷，祈求长生天保佑巴雅尔他们打败魔王蟒古斯。惨烈的战斗持续了九九八十一个昼夜，巴雅尔他们越战越勇，魔王的爪牙几乎被消灭干净。人们喊声震天，豪气万丈，一起来围剿蟒古斯和它的几个爪牙。这时，垂死挣扎的魔王故伎重演，又一次念动咒语，招来暴风，只刮得飞沙走石、天昏地暗，阻碍了巴雅尔他们进攻的脚步。就在魔王妄图趁机逃跑的时候，只听得九霄云外天马嘶鸣，一队天兵天将出现在它的面前。巴雅尔他们和天兵天将一起排成了马

阵人墙，挡住了魔王的暴风，天色顿时清朗起来。一看来了天兵天将，魔法被人墙马阵所破，魔王吓得魂飞魄散，只好束手就擒。

捉到了祸害草原的魔头，草原的人们载歌载舞欢庆胜利。人们把哈达、美酒和鲜花献给巴雅尔和天兵天将，唱着优美动听的颂歌，跳起欢快奔放的舞蹈，整个草原到处都洋溢着和谐吉祥。庆功会结束后，就在天兵天将押解魔王同上天复命的时候，有一匹天马的马鞍不知什么原因遗落了下来。可能是因为天兵天将急于启程，来不及为天马备鞍了吧，抑或是天兵天将们特意为草原的人们留下礼物也未可知呢！

这便是现在的马鞍山了。

"喀喇沁"的含义是"守卫者"，还有皇帝批示喀喇沁"世守漠南"之义，可能都是这个意思吧。除了马鞍山之外，与之不远位于英金河畔的巍巍红峰（乌兰哈达）也能证实巴雅尔与魔王蟒古斯之间的战争。那鲜红的山峰就是战士的尸体堆积而成。流动的沙丘，被群山挡住，再也不能南下侵犯中原大地了，这一切，难道不是那些古往今来的"守卫者"的功绩吗？

玉女峰

玉女峰又名棒槌山。海拔1850米，为赤峰南部著名风景区。白桦、

山杨、云杉一直分布到海拔1800米，山顶为高山草甸植被。玉女峰山顶有一座高约15米的花岗岩石柱，兀然突起，顶天立地，远看似人，近看为一怪石。山下远望，石柱矗立，形同棒槌，因此得名。

关于玉女峰，当地流传着一个美丽动人的故事。

相传，天帝腾格里王的小女儿呼萨尔，觉得天宫里寂寞清冷，很想到人间看看。一天，侍女霍斯仁对她说："阆苑西北角有座无形洞，原是混沌初开时塌下去的一个洞口，后来女娲炼石补上了，如今还留下不少小洞洞，从那里可以窥看人间。我们何不到那里去探看一番呢？"呼萨尔一听有理，欣然前往，主仆二人来到无形洞口，只见人间绿水青山，万紫千红，世上的男男女女，自食其力。忽然她看见，在一处土丘下面，一个年轻的小伙子，赤裸双臂腰围虎皮，正在用石锄开荒下种，渴饮黄河水，饿餐苦涩草。凡是他播种过的地方，很快就长出了五谷。突然一股红烟，从一座山谷中冲来，霎时土地龟裂，禾苗枯萎。年轻的小伙子抄起一根丈二的石棍，骑上骏马赶到山谷。只见一个旱魔浑身白毛，手拿一柄人骨魔扇，正向大地扇着股股红烟。年轻人近前抡棒就打，旱魔急用骨扇还击，孤

单的年轻人被旱魔打得遍体鳞伤，晕倒在地。旱魔一连向他扇了九扇，年轻人皮肉干枯，再也起不来了。

呼萨尔看到这里，不由地流下了同情的眼泪。泪水化作甘霖洒在年轻人的身上，慢慢地，年轻人复活了。

又一年过去了，这一天正是绿树浓荫、夏日方长时，呼萨尔在宫中双眉紧锁，百无聊赖，又带上侍女去无形洞。可这次却怎么也看不见那年轻人，她赶忙取出五彩宝石，向人间照去，发现那个年轻人正在刨坑栽树，这时一片黄沙卷了过来，风过处，绿树、村庄都无影无踪，只见一座座沙丘星罗棋布。小伙子发怒了，只见他双眉倒竖，拿起石棒找到风婆，举棒向风婆打去，风婆一闪喷出一口黄沙，落在地上一座沙丘，埋住了年轻人的半截身子，又一口黄沙把年轻人埋没了。霍斯仁取过公主手中的宝扇，向沙丘连扇几下，沙丘里渐渐露出年轻人英俊的脸庞。霍斯仁朝呼萨尔扑哧一笑，呼萨尔脸红了。

八月中秋，呼萨尔在宫中长吁短叹，脸上挂着泪水。机灵的霍斯仁猜到了呼萨尔的心事，就凑到耳边轻声说："是不是想去无形洞？"呼萨尔点点头又摇摇头，霍斯仁笑了："是不是还想看看那个年轻的

玉女峰　李复明／摄

小伙子？"呼萨尔不好意思地笑了。霍斯仁说："这得想法瞒过腾格里王和南丁天后才行，不然他们会叫你看嫦娥献舞的。"霍斯仁俯首低言，呼萨尔频频点头。随后二人便走出宫来，借口去阆苑为父王和天后祈福，骗过了守门女使。

她们欢欢喜喜来到无形洞，又向人间窥去。可怎么也不见年轻人的影子，用五彩宝石照还是看不见，呼萨尔急忙睁开中间慧眼，只见年轻人在一棵枯树下被瘴魔老怪毒死了。

呼萨尔忍不住哭了起来，霍斯仁忙说："公主，哭是没有用的，他是被瘴魔折磨死了，我们得赶快搭救才是。""天上人间，如何搭救呢？""搭救倒也不难，只要有同心人的一滴鲜血给他服下即可痊愈。""又到哪里找他的同心人呢？"霍斯仁慢慢跪下说："公主，我已看出你的心事，快请献血吧。趁天还早，我可代你去人间一次。"呼萨尔沉思一下，拔下玉簪，刺破中指，几滴鲜血滴入玉杯。霍斯仁摇身化作一只彩凤，口衔玉杯来到人间。

在人间，她听到人们处处传颂着奇日民夫的故事，才知道年轻人叫奇日民夫。

霍斯仁将鲜血滴入奇日民夫的嘴里，马上又飞回天宫。

年轻人果然又活了过来，呼萨

尔幸福地笑了。霍斯仁向呼萨尔诉说着："年轻人叫奇日民夫，是人间的一位英雄，为了解救生灵，从出生那天就和三魔斗争着，因他身单力薄，虽然三魔怕他，可他也消灭不了三魔。公主啊！他是个英勇的小伙子，多么需要人帮助啊！"呼萨尔一把拉住霍斯仁的手说："妹妹，自从见了奇日民夫那天起，我总是天天想念他，想个什么办法才能天天见面呢？"霍斯仁沉思片刻，抬起头来说："再也不能等了，咱们只有偷下天庭。"呼萨尔想了想也只好这么办了。于是就叫霍斯仁带些天上的树籽、神药、五谷、仙菜等物，随后从头上拔下一支龙头玉簪，吹了口仙气，变成一条玉龙，二人跨上去，冲出了五彩洞，奔向人间而去。

呼萨尔在路上学着奇日民夫的样子，在山头上播下了九畦仙菜（现在的"韭菜楼"）。二人化成民间女子，来到人群之中。见人们一个个面黄肌瘦，忍饥挨饿，她们流下了同情的泪水。于是取出五谷撒向山野，山野立刻长出了庄稼，有了粮食，百姓解除了饥荒。为了助奇日民夫一臂之力，除掉祸根，她们毫不犹豫地拔出宝剑，去寻找三魔决斗。

三个魔王正在大黑山的石洞里庆祝胜利，一个个得意洋洋，狂欢乱舞。冷不防，奇日民夫手持石棒出现在他们面前，妖魔们手足无措。奇日民夫一棒打折了旱魔的一条腿，砸断了瘴魔的一只臂膀，扫掉了风魔的一只风耳。三魔负伤，拼命逃跑了。奇日民夫随后追了出去。

另一个山洞，负伤的三魔一边养伤，一边商议计划。他们发誓要把人间布满瘟疫、干旱和风沙。他们边说边施展起法术，多亏呼萨尔和霍斯仁及时赶到，她们不由分说，举剑就砍，三魔大吃一惊，慌忙迎战，只几个回合，旱魔就被呼萨尔刺瞎一只眼，风魔被霍斯仁卸下一条臂膀。二魔疼痛难忍，落荒而逃。只有瘴魔老怪还在疯狂地喷吐着毒气。正在这时，一支箭"嗖"地射来，锋利的箭镞从老怪的右耳入，左耳出，疼得他嗷嗷直叫，满地打滚。射箭人飞步过来，他正是奇日民夫。老怪一看是他，顾不得疼痛，喷口毒气，滚起来逃之夭夭。奇日民夫昏倒在地，呼萨尔和霍斯仁要给他滴入鲜血，但他的嘴已张不开了。呼萨尔的眼泪像断了线的珠子一样流了下来。霍斯仁说："好姐姐，伤心是没用的。我听善良的额吉说，在人刚刚过世的时候，亲人的歌声可把他唤回来。你历尽千辛万苦找他，帮助他，不正是他的亲人吗？姐姐你唱吧，一定可以把他唤回来的。"呼萨尔流着眼泪唱了起来。

奇日民夫终于醒来了，他渐渐睁开了眼睛，当他发现自己躺在一个仙女的怀里时，赶紧站了起来，惶恐地跪在呼萨尔面前。呼萨尔又惊又喜，羞涩地扶起了奇日民夫。

后来，"嘎拉"（火）爷爷主婚，霍斯仁当"胡达"（男方直系亲属），奇日民夫、呼萨尔向火磕了头，又向霍斯仁行了礼，结成了夫妻。

他们婚后的生活美满幸福，和人们一起辛勤劳动，春种秋收。从天宫带来的神树籽发芽长大，成长为一片片的杨树、柳树、松树、榆树。他们还在大山上种下了白芍、赤芍、人参等珍贵药材。从此三魔销声匿迹，人们安居乐业。

天上一日，地上一年。有一天腾格里王得知呼萨尔带侍女私自下凡，气得火冒三丈，亲率人马来到人间，要捉回二人，以正违天之法。

这一天，奇日民夫远去植树，呼萨尔刚刚分娩，就被腾格里王捉住了。霍斯仁见事不好，抱起新生婴儿就跑，刚跑到大头山下一条小沟里，追兵蜂拥而至，霍斯仁不愿再回天庭，和婴儿一起就地化为两尊石人。

奇日民夫得知腾格里王抓呼萨尔的消息，骑着快马披星戴月往回赶，半路马累死了，他就徒步跑，

当他远远望见家乡那雄伟的大头山时，却力竭而死。

腾格里王捉住呼萨尔，一直向天走去。呼萨尔苦苦哀求父王允许她和奇日民夫见一面，可腾格里王就是不答应。

这时，就听见人间一声声呼喊：

"奇日民夫留下来……"

"呼萨尔留下来……"

"霍斯仁留下来……"

听着乡亲们的呼叫，呼萨尔心如刀绞，面对苍茫的天穹大哭，直哭得天昏地暗。慢慢地，她落在了一座山巅上，化成一座玉女峰留在了人间。

从此，玉女峰、奇郎墓、石人沟的传说就一代代地传开了。

梯子山

梯子山是美林镇按丹沟村的一处景点。因东面拔地而起的巨石，呈阶梯状上升，每级都有三四米宽不等，一共有十几级，巍然屹立，直插云天，极像天然石梯，因此得名。

远看梯子山极像天然浓缩的盆景，又像一幅天然的风景画，美不胜收。

西面高高耸立的巨石在夕阳的照射下，像饱经沧桑的老人遥望着远方。石碴上长着石花儿、石柳和一些小灌木，郁郁葱葱、旁逸斜出。巨石下有石缝儿和石洞，里面阴森

森的，这里流传着狐狸炼丹的传说。　　据说"按丹沟"就是由"炼丹沟"
到此观赏，还真感到有几分仙气，　　演变而来的。

梯子山　李复明／摄

滴水壶

喀喇沁旗美林镇敖包梁山半腰处，距离地面十余米高的山崖间竟然会有清澈的泉水流下来。这一奇妙的自然景观，就是有名的"滴水壶"。当地还流传着一个美丽动人的故事。

相传在很久很久以前，这地方山崖间并不滴水。那时候，山下住着一个叫哈日夫的小伙子。小伙子身高八尺，面色黑红，浓眉大眼，方口直鼻，长得是一表人才。他开得硬弓，骑得野马，蹿山越脊如履平地，干活习武力大无穷，每日进山打猎，弄个野物如探囊取物，每天过着无忧无虑的日子。

有一天，哈日夫打猎攀上山崖，突然发现自己经常歇脚的岩石上长出了绿色的青苔。他想，这可能是因为他在喝水时总是洒水在上面的缘故。打那以后，他就格外留心这块岩石了。果然如此，正是他经常洒水在那里，才使得那里有了绿色的生命。发现这一秘密之后，哈日夫异常兴奋，于是他就把无意识地洒水变为有意识地浇水了。日积月累不知过了多少时光，渐渐地，山崖绿了，长出了花草，长出了树木。哈日夫也变成了四十多岁的中年人了。

正当哈日夫陶醉在打猎谋生、浇石为乐的平静生活之中时，在一年的八月十五这一天，一件奇异的事情发生了。那天，正当哈日夫照例向山崖上准备浇水时，仿佛从天而降似的，一位年轻貌美、如花似玉的女子站在了他的面前。哈日夫一下子惊呆了：

"你是谁？从哪儿来的？到这儿干啥来了？"

面对哈日夫一连串的问话，那

冬天的滴水壶　李复明／摄

小女子嫣然一笑：

"大哥，我叫斯琴，咱们是老朋友了，你怎么会不认识我呢？"

原来这叫斯琴的女孩儿是生长在山崖上的一株野莲花，多年承受哈日夫的滴水之恩，逐渐产生了爱慕之情，便特意化作美女前来与其结为夫妻的。

听完斯琴的爱情宣言之后，哈日夫压抑已久的感情也一下子迸发了，两人便紧紧地拥抱在一起。这时，哈日夫带来的水壶恰好倒在地上，清水汩汩地流了出来，一直流到今天。

蛤蟆石

蛤蟆石在黑山沟北山山半腰的一个石崖上，大的有前后两只，轮廓清晰，栩栩如生。前面的蛤蟆呈卧状，四肢抱住下面的石柱，头高昂着，目视前方，眼睛炯炯有神。后面的蛤蟆身体向前探伸着，似乎在守护着前面的伴侣。如果站在对面的山上看，还会发现大石蛤蟆的周围，又密密麻麻分布着许许多多的小石蛤蟆，是一个罕见的石蛤蟆群。

村里还有一个关于蛤蟆石的传说。

据说很久以前，黑山沟村有一个庄户人家的老人去世了。这时来了一个风水先生。这先生房前屋后山前山后转了一圈，回来后对主人说："我给你们看好了一处阴宅，

不过我有一个条件。"主人说："先生请讲。"先生就说："老人下葬以后，你们得把我当自家人看待并养老送终。"主人一口应允。于是先生就在蛤蟆石下选定了墓地。老人安葬后不久，那风水先生的双眼

就瞎了。这家人也不食言，把先生待若上宾，茶饭侍候，人来亲往都有先生作陪。此后不久，这家人就开始发迹了，日子一天好似一天。到后来建成深宅大院，成为附近巨富。可是随着家财兴盛，这家人对先生逐渐淡漠了。先是不再待若上宾，尔后被视作普通家人，最后沦为仆人。有一天，先生对主人说："来这里住很久了，我也该走了。"主人也没挽留。先生一去二十余载，音讯皆无。忽然有一天先生又返了

黑山沟的蛤蟆石　梅林／摄

回来，对这家人说："你家那处阴宅已经到了期限，得迁移了，要不然会有大祸。"主人对先生的话深信不疑，于是将祖坟迁址。先生自此杳无踪迹。而那家人自祖坟迁移后，日子便一天天败落，穷困潦倒了。

据说后来有人对着蛤蟆石的下颌打了一枪。枪击处自此便出现一片殷红，而且红色逐年加深，好像愈合后的伤疤。

老神树

黑山沟老神树生长在蛤蟆石山脚下，与蛤蟆石遥相呼应。老神树前是一座山神庙，树前立庙，使老神树更增添了几分神秘和庄严肃穆。老神树树干直径约有2米，高数丈，冠盖如伞。盘根错节，老态龙钟，

疤痕遍体，写满沧桑。据当地老农介绍，这颗老榆树不知道有几百年树龄了。当年曾被村民卖给一个木材贩子，因为老树太粗且坚硬，贩子们用大锯锯了一上午，才锯进不到半尺。中午人们回家吃饭，等下午再来，发现血红色的液体正从老树的锯口汩汩流出。人们吓坏了，赶紧跪拜祷告，偃旗息鼓。老榆树经过这次伤害，元气大伤，三年不萌芽不发叫，人们都以为老树即将死去。可是三年后的春天，老树忽然新枝萌发，而且郁郁葱葱。此后逐年繁茂，满树的枝叶犹如返老还童。于是村民们都把这棵老榆树奉为"神树"，经常有人焚香膜拜，祈祷保佑风调雨顺。

黑山沟古榆树　王玉林／摄

古　山

美林镇古山村中平地上有一座突兀而起、精巧秀美的小山，占地面积也就三亩左右。且不说小山上树木葱茏、花芳草碧、山峰奇峻，山脚下还簇拥着许多形似蛤蟆的巨形圆石，招人喜爱。更奇妙的是登上小山山顶，遥望村外的东山、西山，两座山峰龙头一样迎面扑来，实在是一处独特难得的自然景观。

因为村里有这样一座美丽可爱的孤山，故而过去人称此村为孤山村，后又演变为古山村。但是当地人也有称此山为"珠山"的。

为啥这古山还叫"珠山"呢？

相传在几百年以前，崛起于白山黑水之间的满族人势力越来越大，他们与蒙古喀喇沁部结成联盟，收买吴三桂，一举推翻了腐败的明朝。入主中原以后，成为又一个少数民族当政的王朝。顺治爷不想当皇上，甘心出家为僧，孝庄皇后只好把年幼的玄烨推上皇帝宝座。这位康熙皇帝天资聪颖，亲政后实施了一系列诸如"南不封王，北不断亲"的治国方略，通过南征北战、招亲下嫁等恩威并重的措施，终于把爱新觉罗氏的江山稳定下来了。但是皇权争斗的残酷现实，让这位满族皇帝无时无刻不记挂着皇权的安危。

他考虑到那时的喀喇沁部南至北京皇城（包括承德），北到翁牛特，东到奈曼，西至张家口，管辖的面积实在太大了。且这些地方物阜民丰，倘若蒙古王爷心怀异志，必然难以驾驭，终是心腹之患。于是他厚着脸皮，借口建立皇家猎苑，训练八旗子弟骑射之名，向喀喇沁王扎什讨要了包括承德在内的大片土地，建立了东西木兰围场。这样既削弱了喀喇沁王的势力，又建成了围场，康熙好不得意。稍有闲暇便来这里打围练兵。偶然的一天，他来到古山这地方，看到这座山奇崛秀美，周围地形奇特，便心存疑惑。于是找术士占卜推测，最后他们断定：此小山为珠，东西两山为龙，正是二龙戏珠的格局，珠山山下那些蛤蟆就是帮助炼珠的，此乃正是成就帝王之风脉。一旦两龙过河越道，宝珠炼成，那可就不得了了。那时天下就会大乱，皇位就有可能不保。康熙听了吓出了一身冷汗。于是他赶紧下诏在珠山上建庙压风脉。

相传，以前小山上确实有过小庙。

直到现在，村子里如果有人吵架打架到了不可开交的地步，只要有德高望重之人到小山顶上跺上三脚，斗气的双方就会烟消云散，握手言和了。

龙头山

远远望去，一条赤红色的巨龙

披着粼粼的波光，蜿蜒着身躯，龙头正伸向锡伯河，这就是龙头山。而且附近的山岩都是青灰色的，唯独这虬曲的龙头山却呈丹霞地貌。

这里还有一段关于龙头山的故事呢。

传说，清康熙十九年，皇上巡幸喀喇沁部、敖汉部和翁牛特部，那时候的喀喇沁王爷府邸还在龙头山脚下，康熙皇上从王爷府东行两三里时，就突然发现这山势如龙头伸向河里饮水，康熙皇上顿觉不安。清军入关后，虽然建立了清帝国，对强悍的蒙古民族还是有所防备的，如果这里出了"真龙"，清室江山岂不成了蒙古族人的天下！于是，唤来身边的谋士一看，果然算出了这龙头什么时候饮到了锡伯河的水，这里就会出现"真龙"。康熙皇上登上龙头山，放眼东望，山川秀美，晨雾中，大地像扇面铺开，一座富丽堂皇的茶亭，就是扇子收放的轴；山的西侧是一悠悠的水潭，大有龙虎之气，天空祥云缭绕。康熙还闻听，这茶亭正是喀喇沁王爷扎什每天清晨练骑射之后喝奶茶、休息的地方。皇上马上下令，立刻在龙脖子处压一条道，破了这风水。可是白天挖开的土，到晚上还会长上，第二天山即恢复了原样，这样挖了十几天，竟丝毫没有损毁"龙脖子"。忽然

一天夜里，巡夜的士兵听到了这样的对话：

"让他们挖吧，他们白天挖，咱们夜里就让长出来！他们费劲挖一天，咱们一会儿就长好！"

"就是，咱们是耗得起啊！就怕他们边挖边用牛粪火沤啊，如果他们一边沤一边挖，那可就完了！"

这个士兵马上把听到的话报告给了他的长官，他的长官又报告给了皇上身边的人。康熙皇上得知这一消息，立刻命令架起牛粪火，加紧挖山修路，果然几天之后一条路从"龙脖子"上切过。在谋士的建议下，又在龙头左侧的水潭边修了座娘娘庙，在龙头的右边茶亭对面的西沟修了一座白塔。

传说，建白塔的第一天，村里一家有个小男孩儿在晚上睡觉的时候，对妈妈说："我压得慌！"妈妈说："压得慌你就翻翻身。"小男孩儿翻了个身，就安然熟睡了。第二天一早人们发现头一天修好的塔座，被掀翻了。没办法，工匠们只好重建。到了晚上，那家的小男孩儿又对妈妈说："我还是觉着好压得慌啊！"妈妈又说："你翻翻身，看看会不会好点儿！"小男孩儿翻了个身就睡着了，早晨人们看到前一天修的塔又被掀翻了。如此几天下来，小男孩儿天天对妈妈说："我

压得慌！"妈妈以为他调皮，就有些烦了："天天喊压得慌，谁压你了，压死你算了！"结果小男孩见妈妈生气了，就那么乖乖地躺着没动，天亮时，妈妈发现孩子已经气绝身亡。建塔工地上工匠们惊喜地发现，这回前一天修的塔座完好无损，立刻赶紧施工，不日白塔落成，这个小村子后来就被叫做白塔西沟。

至此，彻底破坏了这里能生长"真龙"的风水，康熙皇上放心地继续北行巡幸其它两部。几百年过去了，这里留下了一条从"龙脖子"上穿过的大路，也留下了白塔和龙头山的传说。

大王山

王府镇四十家子村东南方向，有一座海拔1422米高的大山，山顶上地势平坦，方圆有5平方公里左右，这里有一个二十几户百余口人的小村庄。人称此山为大王山，称这个小村庄为天上村或天上队（人民公社时期，这里是生产队建制）。

相传，这荒僻的大王山上曾经上演过惨烈的历史悲剧。

不知是哪年哪代了，那时候，大王山还没有名字呢。可能是山东或河南、河北，有一户老李家父母儿女四口人，因为战乱和灾荒实在没法生存了，举家北迁逃难。几经周折之后，他们还真就找到了大王

山这个人迹罕至的地方。

一晃几十年过去了，儿子娶亲生子，女儿出嫁也没离开大山。再过若干年后，山上就亲戚连亲戚、朋友连朋友地有了几十户人家一二百口人了。这里的人们，虽然日子苦，但是因为山高皇帝远，官府的官吏也嫌路艰险，人太穷，没有油水，不屑于上山来，故而山上没有苛捐杂税，没有官府欺压，便成了贫苦老百姓向往的世外桃源了。

因为这山是东、西两趄川方圆几十里的大山，山上的人是自己管理自己，并不属于哪个官府衙门具体管辖。于是，外人便把这座山叫做大王山了。这儿的人甚至于也常常以山大王自居。

也不知道是明朝还是清朝，也可能是明末清初吧，口里中原大地上有一家大财主被砸明火了。案子上报朝廷之后，龙颜震怒，立即传旨地方官吏限期捉拿匪徒归案。地方官吏派出衙役四处打探，根本就找不到砸明火的罪犯。由于无法向皇帝交差，就夸大其词，说这是聚众造反的案子，有成千上万的刁民为了夺取皇权，杀人越货、啸举山林。皇帝得到这样的奏报，特别震惊，当即下诏派兵讨匪。大军到达案发地之后，地方官为了自圆其说，索性把谎撒得更大，便把大王山和

大王山石门　王玉林／摄

山上的村民当做匪巢和匪众向官军作了介绍。于是，数千众的官军就向口外大王山浩浩荡荡杀来。剿匪部队中有一名副将，是个苦出身，知道老百姓的苦难日子是如何过的。当大军攻上大王山，屠杀了山上的老百姓之后，他发现，这完全是一场杀良冒功的人间惨剧！于是，他

便纵身跳下山崖……

印　山

　　喀喇沁旗亲王府坐落在锡伯河北岸，背靠印山。印山后面群山聚拢，呈半圆椅子形状，两侧山峰形状奇特，人称那是金瓜钺斧朝天蹬，恰似一副銮驾，中间捧（抬）着一块巨硕的大印；印山南面半山坡上

122

煌历史，就是因为府址选得好。

　　其实，这种说法并不准确。有风水大师看过王府的地理位置，认为这里确实是风水宝地，但不是最好的。此风脉可以保佑此地出大官，却不能出皇上。当地一位寿高识广的老者听了风水大师的话之后，马上伸出大拇指说："真高人啊！"

　　于是，便引出一段鲜为人知、几乎失传的民间故事来。

　　早先，喀喇沁部地域辽阔，兵强马壮，是元朝皇帝特别倚重的军事力量。元朝末年，皇帝被朱元璋打败之后，喀喇沁部依然雄踞古北口之外，北元皇帝在克什克腾旗建都，主要仰仗喀喇沁部把守南大门。后来，北元皇帝失德，自取灭亡，明朝皇帝与喀喇沁部谈判，特许喀喇沁部辖区原封不动，双方各自保境安民，互不侵犯。朱元璋驾崩之后，因为所立太子命短，只好按皇家规矩让孙子建文帝登基。朱元璋的四儿子、建文帝的四叔朱棣心里不服，便来到喀喇沁部借兵，依靠乌梁哈蒙古三卫的力量，发动宫廷政变，把侄子赶出王宫，自己当了皇帝。明王朝末年，喀喇沁部与后金即后来的清朝谈判结盟，在推翻明王朝、剿灭噶尔丹叛乱的战争中，立下赫赫战功。康熙皇帝深知喀喇沁部是一支不可忽视的劲旅，在确定了"南

　　由西向东依次排列13个小土山，人称那是十三太保护驾；王府前有玉带河——锡伯河，河对面是一条弓形的山脉绵延不绝，恰似一条巨龙护着十八罗汉面向王府遥拜。如此风水宝地堪称绝无仅有。

　　据有些懂风水的人介绍，喀喇沁旗王府之所以能有200多年的辉

不封王，北不断亲"国策的同时，格外关注喀喇沁部的动向。康熙在下嫁爱女到喀喇沁，把喀喇沁札萨克封为亲王的同时，先是把喀喇沁分而治之，划出喀喇沁左旗，又将密云、围场、隆化等地作为皇家猎苑，供八旗子弟习武练兵之用，最后又划出喀喇沁中旗等。不仅从实力上逐步削弱喀喇沁部，还在喀喇沁王府的选址上费尽了心思。

喀喇沁部原来属于野战部队，并无固定驻地。在老哈河流域，即现在的辽宁建平县境内，就有喀喇沁部首领大帐遗址的传说。喀喇沁部首领封王后，才开始修衙建府的。最早，喀喇沁王府设在现在的龙头山脚下，时间不长便移至现在的锦山。把王府搬到现在的印山脚下，已经是第三次搬迁了。为什么喀喇沁王府会三易其址呢？难道说堂堂喀喇沁部首领连一个风水先生也请不到吗？其中内幕外人是难以知晓的。

印山 王玉林／摄

原来，龙山和现在的锦山两处王府旧址皆为帝王之住所，王者之气隐约可见。清王朝接收明朝的家底，囊括了全国的优秀风水大师，在钦天监的衙门口为皇帝的社稷江山服务，他们是不可能允许全国各地的王侯将相占据帝王风脉的。到处建塔压龙脉，这是帝王时代司空见惯的事情。喀喇沁部选址建王府，自然不可能不奏请当今圣上恩准。前两次，就是王爷自己找人选的府址，都被皇帝给否决了，第三次是皇帝派钦差来给确定的府址。

乍一看，王府的风水那是好得不能再好了。前有照，十八罗汉山朝圣，玉带河绕府；后有靠，椅子圈护着王府，山似金瓜、钺斧、朝天蹬的銮驾仪仗结构，还有十三太保护驾，可比龙山、锦山的府址强多啦！

其实，这一府址的确定是大有讲究的，关键就是"印山"那块大"印"

了。"皇帝用玺，官员用印"，古来如此，说书唱戏里都这样说，这是普通老百姓都知道的事。有印山在上面镇着，你王府后代、这地方的老百姓，永远是臣，是皇上的官。当多大的官也是官，永远当不了皇上。也就是说，王府的风水是"官脉"风水，绝对不是"龙脉"风水。至于其它，诸如十三太保护卫、十八罗汉朝圣和金瓜、钺斧、朝天蹬的銮驾结构，都无所谓了。当官的也要有排场嘛，皇帝也经常赐给臣子銮驾风光几天以示恩宠的。只要你不能当皇上，再怎么讲排场，只要不僭越，都是可以容忍的。

对于老百姓来说，当官可是一个不错的活计，比其他职业强多了。王府后面的印山还真有灵气，此地早先就有"登印山，做大官"的顺口溜。也有人说是"想当官，登印山"，反正意思差不多。"文化大革命"时期，没人敢说这些话了。说这些顺口溜毒害人们的思想，为封建王爷招魂，谁再说，就批斗他。于是，关于王府选址和印山的传说也失传了。

卧虎石

马鞍山神女峰东侧山半腰上，游人必经之地有一石雕巨虎。只见这只老虎伏地而卧，凝视着远方，似乎若有所思，还带有几分忧伤，温顺的样子惹人动情。

叱咤风云的兽中之王何以这般

马鞍山卧虎石

神情？民间流传着的故事是这样解释的：

在马鞍山西南方向百余里的宁城县境内，那里山峰险峻、树高草深，有一个名叫胡树沟的地方，那里有一座山叫飞虎山，飞虎山前有一块名叫打虎石的巨石。

其实，在唐朝以前，那座山没有飞虎山这样的名字，那块巨石也并不在现在的那个位置，更不叫什么打虎石，都是李存孝打虎之后才有了飞虎山和打虎石等一系列名称的。

李存孝，是大唐名将。相传其母翠花在十八岁那年和十几个年龄相仿的女孩子们一起上山挖野菜，在一处古墓王坟墓地里娶媳妇拜天地过家家玩的时候，因为只有她的菜篮子被挂在那个名曰石秀才的石人的手腕上，她便成为石人的新娘子，被伙伴们抬着与石人拜了天地，入了洞房的。从那以后，石人就夜夜梦中来与小翠相会，从而有孕生下他的。李存孝出生之后，三天就会说话，三岁时就能移动一百多斤的大石头，八岁时就能把冲进羊群里的黑瞎子、土豹子活活打死。后来他又梦中得到天神的真传，练成绝世的武功和无敌的神力。就在李存孝十三岁那年，有一回，沙陀国李晋王来到这一带围狩猎，正在寻找猎物的时分，忽然发现有两只

猛虎蹿出森林来，李晋王一见有猎物出现，便挥手率队追了上去。当打猎的人马追到河洛堡后山山顶时，李晋王向老虎逃遁的山下俯视，只见老虎冲入羊群。

"哎呀，不好！老虎进羊群了！"李晋王急得喊了起来。可是，话音刚落，他又不吱声了，只顾呆呆地望着山下。

原来，李晋王发现，山下放羊的小牧童迎了上去，与老虎搏斗起来。只见那小牧童身着小红褂和绿裤头，头上扎着两根小辫子，口中发出脆生生的吼声：

"哪里来的两只大猫？"

说时迟那时快，只见他冲上去一脚踢翻一只猛虎，刚要进身去打，另一只老虎大吼一声冲了上来，那小牧童闪身让开，伸手揪住老虎的头皮，把它按在石板上，举拳便打。那只被踢得翻了好几个跟头的老虎爬起来吼一声，冲了回来似乎是要来救援同伴，又听得那只被按在地上的老虎悲声长哮，意在劝阻它的同伴不要再做无谓的牺牲了。那只冲过来的老虎，听到同伴的吼声，便止住脚步，调头逃离了。在这边，小牧童扭身骑在老虎背上，发力重压，举拳便打。这一压，老虎就憋不住尿了，尿水把石板呲出一溜沟来；两拳下去之后，老虎疼得四爪

前刨后蹬，抓出好多深深的虎爪深印，被打得脑浆迸裂，气绝身亡了。打死一只老虎后，那小牧童马上腾身而起，欲去追赶那只逃窜的老虎，看老虎跑得远了，就从身前拔出一块巨石，向老虎飞去，石落之处，老虎纵身一跃，逃过一劫，落荒而去。

面对惊心动魄的一幕，山顶上的李晋王和他的部下都看傻了眼。李晋王想，此牧童真神力也！把他收在麾下，日后定能成就大业。于是，他策马前来：

"咄！谁家大胆顽童，竟敢打死我家饲养的老虎？"

那牧童并不示弱，朗声喝道："呸！你家养虎为何扰我羊群？"

这一反问，倒把李晋王给问住了。只好说：

"那你须将死虎归还于我！"

"好说！"说着话，小牧童一把拎住老虎尾巴"嗖"的一下扔了过去，"腾"的一下落在了李晋王的马前，在地上砸了一个大坑。于是，便有了"飞虎山""打虎石"乃至"跌虎坑"等一系列名称。从那开始，李存孝就被李晋王收为义子，人称"十三太保"。

马鞍山这里的卧虎，就是当年李存孝没有打死的那只老虎。当时这只老虎已怀孕在身，虎丈夫舍身营救虎夫人，命令她向北逃难，于是，

便把它们家族的血脉保留了下来。这只雌虎每日思念丈夫，就化作了这尊石像。

龙犄角

从锦山乘车出发，沿锡伯河东岸陈砬公路北行。车过瓦房地村，经关东道沟口，即到达一关隘。

公路东侧，紧逼公路的是一座形状酷似蜘蛛肚子的圆形石山，人称蜘蛛山。该山高百米有余，临路一面是悬崖峭壁，威风凛凛。公路西侧，老柳丛中突兀崛起了两根高大的石笋，无牵无挂，直问苍穹。石笋高者20米开外，低者也15米有余。石笋均上尖下粗，敦敦实实。它们虽然与蜘蛛山近在咫尺，但彼此并非一体。非但如此，还是生死冤家。两根石笋原本和它西边隔河相望的龙头山血肉相连，因此被当地百姓叫做龙犄角。

三十多年前，龙犄角本在锡伯河的河道之内。当时，它的四周碧水环绕，石笋的周围被冲刷成丈余的深潭。笋高水清苔绿，再加上流传的龙头山故事的渲染，人们一直以为有不可捉摸的玄妙在其间；后来这里偶有因为洗澡淹死小孩儿不幸事情的发生，就更给原本扑朔迷离的传说平添了几分神秘。

前边曾提到龙犄角和蜘蛛山是"生死冤家"，这是怎么回事呢？

龙犄角　赵林海/摄

横亘赤锦大川的龙头山与其西边的连绵不断的群山本是一条巨龙。海水东撤时，它自西向东追逐着海水来到了锡伯河川。巨龙俯视地面，它被波光潋滟、澄澈见底的锡伯河以及两岸肥美的水草、参天的树木所诱，不禁降下祥云，将头伸入河里畅饮了起来。优美的景色和甘甜的河水让巨龙萌生了留恋之意。它打算将锡泊河就此拦腰截断，让这里到茅荆坝形成一个天然的大湖泊。到那时，水因龙而灵，龙靠水而兴，独享一方天地山水，岂不比长途跋涉到东海更快活！谁料到，在它兴致勃勃蜿蜒前行时，一只体大形怪的蜘蛛横在前面挡住了去路。原来，巨大的蜘蛛也早已看好了这块宝地，

并日夜厮守了数百年。为了保住自己的领地不受侵犯，蜘蛛与巨龙形成了对峙局面。蜘蛛喜欢陆地，巨龙独爱水乡，双方互不相让。就这样，它们日复一日，年复一年，一直对峙到了今天，定格成了我们今天看到的态势。蜘蛛，寸土不让，锡伯河最终没有被截成一个大湖，河水还是日夜不息地流向了北方。巨龙，虽然没有实现拦河成湖的愿望，倒也把蜘蛛永远地牵制在了这里，眼瞅着那么多的好地方却不敢挪动半步。如今人们讲起这个传说时，大多认为是蜘蛛坏了好事，否则，塞外真的就有"截断巫山云雨，高峡出平湖"的壮观景色了。

四方哈达

锦山镇龙山村后面群山中间有一座山峰，名曰"四方哈达"。山峰为方形的大馒头状，站在平平的山顶上，望正北，可见赤峰城区，朝东北可见十家满族乡的明安山，向东南能看到宁城大明。前些年，当地村民曾经在山上捡到许多箭镞、残刀、断剑、马镫和陶片、瓦砾等文物。这些古代冷兵器文物应该能够证明这里曾是古代的一座屯兵营寨。可惜的是，没有历史资料可考了。虽然如此，当地老百姓中还是流传着一个动人心魄的故事。

传说，当年，明安山城驻守的

主将名叫李荣（也有人说她叫李玲），是个文武双全的女豪杰，与她的哥哥李晋王同为晚唐时期的北方著名将领。那李晋王不但在现在的宁城大明驻防，而且也在这四方哈达山上安营扎寨。因为此处是长城以内出古北口进入草原的要塞。这就与大明、明安山二地形成三足鼎立之势。明安山失守之时，李晋王正在四方哈达山上巡视，亲眼看见明安山狼烟滚滚，误以为是李荣又在谎报军情，便按兵不动，贻误了战机，才铸成大错。

关于李荣轻率地点燃狼烟谎报军情的原因，在传说中除了说是她年轻幼稚，因为思念兄长而点燃狼烟之外，还有另外一种说法。

据说是，李荣驻守在明安山上，与四方哈达、大明城三足鼎立，形成了固若金汤的坚固防御体系。朱全忠为了攻破这一防御体系，挖空心思，绞尽脑汁，召集谋士想了许多的诡计，尝试了几次都没有得逞。最后，他们选择明安山为突破口，从李荣身上寻找弱点，展开战略攻势。

首先，他们选了一个年轻英俊的将领，化装潜入明安山，费尽心机去接近讨好李荣，想方设法取得李荣的好感和信任，等到时机成熟时，作为内应，里应外合一举攻破山城。结果是，他们的这一阴谋得逞了。李荣见到这位年轻英俊的小伙子，不觉情窦初开芳心暗许，在经历了一段时间的考验之后，对他彻底解除了戒备心理。也正如现代人说的那样，"热恋中的情人都是傻子"，李荣中了"美男计"。因此，当这个间谍要求李荣点燃狼烟试试能不能调来救兵时，李荣就轻率地答应了。

四方哈达 王玉林／摄

石门沟的三道石门

大王山是个易守难攻的所在。从石门沟沟口进沟，经过三道石门，即可登上大王山。这是一条除了走十八盘山路最容易、最隐蔽、最近便的上山通道了，虽然从沟里上，需要攀登，需要涉水，需要穿林拔草。而其他地方到处都是悬崖峭壁，那可是不可逾越的天险。只要守住十八盘山路，看好石门沟，就能确保山寨的安全，这应该是古人选择此处占山为王的原因。

相传大王山是辽宋对峙时期而得名。因为山上来了一群绿林好汉，在山上安营扎寨，为首的是一位年轻貌美的姑娘。和这座大王山同名的还有牛头山川的一座山，同时在那座山上占山为王的是这位姑娘的哥哥。她和哥哥都是辽国人，父亲在上京辽国朝廷为官，因为受到奸臣陷害，被开刀问斩。幸亏有父亲好友暗中传递消息，兄妹二人才得以逃脱。为了确保家族血脉不被一网打尽，兄妹俩分别占据两座山头，遥相呼应，以点燃狼烟为号，互为救援。哥哥在牛头山川的大王山上称王建寨，妹妹就在锡伯河川的大王山上落草为王。辽国官军也曾经试图攻打两座山寨，皆因两山易守难攻，而且这兄妹二人不但武艺高强，两者之间不论哪一方出现敌情

都是全力互相救助，总是不能得逞。

一年夏天，辽国又派兵进攻两座大王山。此次进剿的领军主将自恃武艺高强、能征惯战，自己带领的又是正规部队，不同于过去的地方武装，根本就没把兄妹俩放在眼里。这个狂妄自大的主将决定先攻占锡伯河川的大王山，然后再解决牛头山川的大王山。道理很简单，辽国主将认为女人终究是女人，女大王武艺再高强，也是兄妹两人中的薄弱环节。如果，先把女大王的山寨破了，她哥哥的山头也就孤掌难鸣了，再解决起来总是要容易一些。为了实现这一战略意图，官军主将对整个军事行动做出周密部署：第一步，选派得力细作到十八盘和石门沟探寻攻山路径，摸清山寨底细；第二步，针对山寨的弱点，发起攻击，一举攻上大王山，最好是活捉女大王。这辽国主将也是一个色狼，想把女大王收为夫人，但还八字没一撇呢，就开始做梦娶媳妇——想美事了！

这一天，辽国官军的两个探子，化装成当地老百姓模样，腰别柴刀，肩扛扁担，鬼鬼祟祟地来到通往山寨的十八盘山口。只见山口戒备森严，十八盘山路上处处设防，滚木礌石比比皆是，巡逻的喽啰兵肩挎弓箭，手持大刀长矛，一个个如狼似虎。看到

这般光景，探子吓得老鼠见了猫一般，悄悄地溜走了。而后，他俩又偷偷摸摸地绕到石门沟村，依旧是装作砍柴人，从沟口进入石门沟。当他俩前瞻后顾、左瞧右看，战战兢兢地走到第一道石门时，只见两侧的花桔子开得灿烂如云霞，脚下的小河哗哗欢歌，石门半开半掩，并无一人把守，心里头的恐惧才减少了一些。进入石门之后，又见两侧的花丛中似有女儿家出没，甚至还能听到她们的嬉笑之声，仿佛是在采花摘果，可是凝神定睛望去，又只是花丛树木了。两人还记着自家的使命，勉强按捺下心猿意马，没有去树林里花丛中寻芳觅欢，继续前行。当他俩进了第二道石门时，虽然石门也是半开半闭，可是眼前的景色就迥然不同于第一道石门的光景了。但见沟两侧全是山榆古柳，树木葱茏，奇石异洞在树荫下恍恍惚惚地时不时地放射出金灿灿、绿莹莹、蓝汪汪、红彤彤、白亮亮的五彩光芒，稍有一些生活常识的都知道，那很可能是宝石发出的光芒。当他俩揉揉眼睛，仔细观察时，又只是普通的巨石岩洞了。两人不敢久留，加快脚步向沟里探索。第三道石门异常险峻。山两侧的石崖自然对称，仿佛两扇大门洞开，山泉淙淙低语，从门口流出，石门内山坡上都是苍松翠柏，还有些不知名的神树上满是奇花珍果。从这里攀上一块巨石台，大王山寨的旗幡便历历可见了。此时，两人发现通往山寨的路径也平缓了许多，只要再走

石门沟 王玉林／摄

上几里地，便可进入大王寨了，其间并无一人把守。

两人觉得探路的使命完成了，要紧的是赶回大营报告。于是决定不再深入，调头返回。当他们担了点柴草，装作樵夫下山，来到沟口时，见到了一个白胡子老头。老头对他俩上下打量了一番，说："你们进了几道石门？"两人回答说："三道。"老头说："难得啊，难得！"二人不解："为啥？"老头说："一门红颜二门钱，三门进去做神仙。"二人疑惑："怎讲？"老头说："我们这一带，老百姓过日子，全指望石门沟。小伙子说不上媳妇，就进第一道石门，林丛花簇间追到一个花仙，回家就能动婚；有家贫过不起日子的，进入第二道石门，随便捡几块石头回来，就能卖个好价钱，生活自然不用发愁；如果看破红尘，进第三道石门，采一些奇花野果吃了，就可以当神仙了。你们进入三道石门，竟然不为所动，岂不难得？"两人面面相觑，心中后悔不已。

俩探子回营后，把所见所闻向主将一一禀报之后，受到了主将的特别奖赏。他想，幸亏没有从十八盘贸然进攻，倘若攻山战斗打响，滚木礌石俱下，士兵血肉之躯怎能挡得住？山上再点起狼烟，再有救兵抄了后路，还不得让人家给"包了饺子"！从石门沟偷袭，可以稳操胜券。于是，他便秘密召开军事会议，选择武艺高强的将士100人组成精锐部队，化装成当地村民偷袭大王山。

这天，辽国剿匪主将亲自带领偷袭精锐，三三两两出发，由俩探子带路，到石门沟沟口聚齐。然后，主将命令进入石门沟。进入第一道石门，辽国军士都像探子说的那样，恍惚间都看到有美女在树丛花簇间若隐若现，于是，没有娶妻的去追，娶了老婆的还想要小二小三，队伍一下子就散营了。主将虽然自己也是欲火焚心，但多少还有些定力，他大喊大叫，用恶毒的语言咒骂麾下将士，好不容易才把队伍整顿成形，来到了第二道石门跟前，又强调了军纪之后，便侵入石门了。这次，队伍虽然没有涣散，但是依然有人偷偷摸摸地往怀里装宝石，那两个探子也不例外，偷的宝石比谁都多。主将心想，你们捡吧，出沟后，统统没收！进入第三道石门，将士们几乎是逢花便采，遇果便摘，山谷中如同发生一场浩劫。当主将竭力集合好队伍准备攻山时，只听见梆声响亮，两面山坡上冒出了无数的神兵。而后，乱箭射下。一瞬间，这群剿匪兵几乎无一幸免，全是箭伤累累。这帮家伙一看，这是中了埋伏了，赶紧连滚带爬，撤出第三道石门。有几十个因为藏匿宝石太多而动作迟缓的，刚刚滚爬到石门前时，眼看着石门轰隆隆、吱扭扭地被关上了！毫无疑问，被关在石门里的败兵，肯定是上天"成仙"了。逃到二道石门附近的残兵败将听见第三道石门关闭的声音，吓得魂飞魄散，心眼儿活绰一点的，知道是神仙发怒了，赶紧掏出藏匿的宝石，减轻负担，仓皇逃命。而大多数兵士还是舍不得到手的宝石，一心想带出去发财。这样，他们自然走得迟缓了许多。当他们来到二道石门时，石门也被关上了。剩下的几十个残军，吓得惊慌失措、六神无主，拼命向第一道石门狂奔。当他们精疲力竭地跑到门跟前的时候，石门也已经关上了。只见原来的花桔子等灌木丛中，没有了婀娜多姿的鲜花，竟然全是矛林刀丛！

偷袭大王山的辽国官军竟全军覆没。

樱桃沟三把伙的两棵古树

樱桃沟村七组是一个叫三把伙的小自然村，坐落在小玉皇岭余脉北麓，樱桃沟小河南岸，全村有600多户，2000多口人，是一个依山傍水、草茂林丰的秀美山村。就在这个秀美的小山村里，村东头和西头各生长着一株神奇的古树。据说树龄都在五六百年以上。为啥这样估算呢？因为营子里老人都说，他们的爷爷的爷爷传下话来说，他们小时候，这两株老榆树就是这样粗、这样老。

这话都传了一二百年了，古树能没有五六百年吗？

村东侧的古榆树有六七搂粗，村西头的古榆树则只有两搂多粗。两株古树相距有一里多地，树高都有两三丈，比周边的树林高出许多，两树遥相对应，骄傲地耸立在小山村的两头，成为一道独特的自然景观。

村里人传说，这两棵古榆是分公母的夫妻树。村东的是母树，西头的是公树。

两株古榆树下面都有香炉佛龛，还有焚香烧纸祭祀的痕迹，村东侧古树下还建有一座土地庙。两株古树的树干上经常缠绕着红线，树枝上系着红、蓝等不同颜色的哈达，给人以庄严肃穆的感觉。当地人说，这两棵古树，不知道是多少人的干爹干妈呢。多少年来，有许多人家生下孩子，害怕不好养活，都抱着孩子来古树下祭拜认干爹干妈，虔

樱桃沟母树　国占云/摄

樱桃沟公树　国占云 / 摄

诚地祈求神树保佑他们的孩子健康长寿。

　　神树还真有许多神奇的地方。传说老多年前，有一个姓田的孩子，上学放学都从老榆树下路过。有一天他上学时，看见有人在树下不但焚香烧纸，还摆了许多好吃的贡品，其中还有人摆了一碗热气腾腾的面条。田家孩子感到很好笑，就把供品踢散了，把面条踢翻了。结果，这孩子在放学时分就开始发烧头疼，呻吟不止。他爸妈不知道为什么，好好的孩子怎么突然闹病了？就找香头来看。神仙附体的香头告诉孩子爹妈：你的孩子冲撞了树神，所以才会发热头疼，这是神仙对他的

惩戒！田家父母问过自家孩子，果然是有这么回事，就赶紧按香头的话，来到神树下焚香烧纸上供祈祷，求树神原谅孩子的鲁莽，宽恕他少年无知。田家的孩子也磕头认错真诚忏悔，而后竟忽然病愈。

　　两株古树挺拔伟岸，雄踞于小村东西。特别是那棵村东的母树，主干有六七搂粗，一丈多高以上便一分为二菏杈分支，大树杈也有两搂多粗，再往上分支又菏杈，树杈也有一搂多粗；那村西头的公树则是树干修长，虽然只有两搂多粗，却完全是一副美男子的派头。

睡美人

　　苏轼诗曰："横看成岭侧成峰，远近高低各不同。不识庐山真面目，只缘身在此山中。"是的，人在山中住久了，一切司空见惯，少了新鲜感，少了横看侧看、仰视俯视、远观近观的兴趣，从而也就少了独到的发现。这不是，一位栩栩如生的睡美人相伴身边数年，自己竟呆然木然，毫无察觉，真可惜荒废了那么多年的良辰美景。

睡美人山　赵林海／摄

　　所谓睡美人，指的是龙山镇龙
山村西北面的几座山峰所构成的整
体形象。欲赏睡美人的风采，须选

好时间与角度。最佳的观赏时间是
黄昏夕阳余晖斜映时；最佳的欣赏
角度是站在山的东北方向，准确的

位置就是全太村小学门口至西荒村
口之间。来到全太小学门口的柏油
路上，朝西面放眼望去，你会毫不

费劲地观赏到睡美人酣睡的芳姿：
她头西脚东安祥地仰卧，面部器官
分布均匀，发额眼鼻口形态分明，

栩栩如生。因势象形地想开去，头上发卷俨然，蓬松而不紊乱，胸与头之间脖颈分明，不是人的意志的强加，纯属天然的造化，稍微觉得遗憾的一点是缺少一枚闪光的金项链。也罢，清水出芙蓉，天然去雕饰，倒更是一番清纯。最让人叫绝的是那丰满的胸脯，那简直就是鬼斧神工，天造地设，将一位绝代佳人的女性特征张扬得淋漓尽致，令人叹为观止。可以断言，就是再巧妙的人间工匠恐怕也难有如此大的手笔，正应了"此景只得天上有，人间难得几回闻"这句老话。

睡美人在甜美的梦乡中沉醉，不知醉于何年，将醒何岁；也不知她来自何方，欲往何地。朋友们啊，趁伊人尚未离去风韵犹在之际，何不赶快到此一饱眼福？假如您与她拥有美好的缘分，说不定还会感动她的心灵，使其开启芳唇，说出我们永远也想象不出来的柔言蜜语呢！

石 门

龙山村后梁有一面突兀立陡的峭壁，峭壁正中，酷似两扇石门紧闭，其门缝还隐约可见。

据说，石门后面的洞里藏满了稀世珍宝，每年的除夕之夜，此门就会自动打开，半个时辰之后自动关闭。

石门

相传很久以前，山脚下住着一户陈姓人家。老太太有两个儿子，大儿子性格懦弱，早已成家，儿媳妇是村里有名的泼妇。小儿子憨厚老实，村里人叫他"傻子"。

傻子父亲去世早，随母亲跟哥嫂过日子。时间久了，那刁妇觉得他们母子是个拖累，竟将母子俩赶出家门。

时值冬日，傻子背着老母亲来到村外的一个破草屋住下。转眼到了大年三十，为了取暖，傻子便脱下外衣给母亲披上，自己独自进山砍柴。

傻子砍了一担柴之后，坐在了石壁下，打算抽袋烟，休息一下。他刚掏出烟，忽听身后"轰隆隆"一阵声响，他吓了一跳，回头一看，峭壁上的两扇石门开了。

傻子惊奇万分，走到近前，里面仙境一般。不远处，一个美若天仙的姑娘正赶着一匹白马拉碾子轧豆子。傻子呆呆的，不由自主地走了进去。来到姑娘跟前，被那姑娘拦住了："大哥，别往前走了，这里不是久留之处，走晚了就出不去了。"傻子听了，转身就往外走。"大哥，你停一下。"那姑娘喊住了他："你有衣兜吗？"衣不遮体的傻子苦笑着摇摇头。少顷，他蓦地想起了自己的烟口袋来，便摘下来，递了过去。

那姑娘接过烟口袋把刚轧破的豆子盛满了，送给他："你可以走了。"傻子接过来刚走出石门，那门"咣当"的一下就关上了。再看峭壁，还是原来的样子。令他惊奇的是，那姑娘给他的不是什么豆子，而是一粒粒黄澄澄的金子！

再说那个刁妇，自打赶出他们母子后，很是得意。后来，她忽然听说傻子得了外财，开始并不相信，来到傻子母子住处一看，母子俩正过着丰衣足食的好日子，才知道不是传言。

诚实的傻子经不住刁妇嫂子的再三盘问，终于说出了事情的原委。刁妇知道石门的秘密之后，暗暗地打起了主意。

转眼又到了除夕。太阳还没有落山，刁妇就带好大口袋，悄悄地进了山。天完全黑下来的时候，石门又开了，她发疯似地向里跑去。

还是那个漂亮的姑娘和那匹白马，还是在那里推碾子。她径直来到碾台前，把刚碾的豆子一股脑儿地收进了袋子。贪婪的刁妇听不进姑娘的劝阻，把袋子放在白马背上，一手牵马，另一手就去拉那姑娘，意欲连人带马一起拉走。谁知那马和姑娘却像生了根一样，任凭怎么赶怎么拉都一动不动。这时，石门"咣当"一下自动关上了，再也没有开过。

民俗风情

HUASHUONEIMENGGUkalaqinqi

民　俗　风　情
MINSUFENGQING

喀喇沁旗民风古朴，习俗独特。婚丧嫁娶，衣食住行，既有鲜明的蒙古族特点，又具满、汉民族的特征。祭敖包规模宏大，赴庙会热闹非凡，那达慕龙腾虎跃，尔代节流传久远……

喀喇沁旗蒙古族民俗
虎　围

　　三百多年以前，喀喇沁旗草茂林丰，山林间多有虎豹等猛兽出没。康熙十六年（1677年），清廷在喀喇沁右旗所献土地上，建立了木兰围场和后来的避暑山庄。为配合木兰秋狝，喀喇沁王爷于乾隆年间在叶柏寿、朱碌科、海棠等地选拔强悍勇猛、武艺高强的猎人六十名共计四十户，令他们携家带口搬迁到现在的上四十家子村，后来在称"杀

虎营子"的地方建虎枪营，职责专猎猛虎。由此，逐渐形成了固定的虎围模式，演变为猎虎民俗。

　　虎枪营60人，分6队，每队10人，各持虎枪1杆。虎枪长7尺，枪头长8寸，形如菠菜叶。围猎时，每队之后各备炮手10人援助，炮手之后各有撒袋（弓箭手）5名。全旗参与虎围兵力达200人以上，所有虎围人员皆穿灰色马褂、战裙、秋帽、足履战靴，腰带火镰、小刀，此外还有短柄镰、斧、铁腿齿等。喀喇

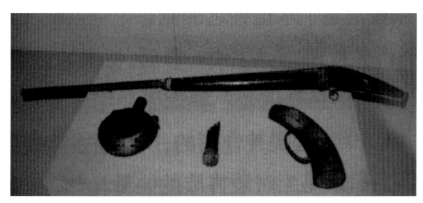

猎枪

火药壶

沁亲王或郡王任虎枪营事务长。

每年自农历九月十五起，旗札萨克衙门每天须有4人值班，发现老虎出没的踪迹或有伤毙牲畜的事情，便急速向札萨克衙门管事官员报告。得知虎讯后，札萨克衙门立即召集人马准备出围。先是由王爷召见管围总管，商议集会地点、时间，传谕听差各持召集虎围令旗，一面飞驰左右两翼，一面大喊："集虎围了！"

蒙古族人听此消息，立即通知虎围成员，马上洗漱，料理饮食，其家庭成员在佛前点燃海灯、焚香叩拜，祈祷佛爷保佑猎虎成功，平安归来，并为虎围枪手收拾行装，准备用荞面拌上红糖烧熟的干粮和二斤白酒等，备好马匹在门前等候。一切准备停当，开始进食启程饭，启程饭为"猫耳汤"（一种荞麦面食品）。少顷，当差的虎枪手饭罢，

披挂整齐，由家中亲人端起佛前香烟缭绕的香炉围着虎枪手右转三匝，并将坐骑熏过三匝，请过护身佛佩在猎人胸前，合家送虎围枪手走出大门外，这时，家庭主妇在佛爷供桌前叩拜之后，双手驮着虎围专用扎抢，送到大门外，单腿跪下为虎枪手丈夫捧上武器，虎枪手接过虎围扎枪，飞身上马，策马出发，迅速向集合地点疾驰而去。

王府敖包前，虎围队伍集中后，虎围主管点卯编队，王府管家通知家庙延请喇嘛9人或12人在府门诵经，并在府门外安置大炉烧香柏之叶，香气远播数里。此时号角齐鸣，虎围枪手整齐有序地排列着，札萨克王着围服出立于月台之上，喇嘛手捧香炉围绕出猎人马一周，意在让佛法熏染虎围人马，保佑虎围狩猎成功，人马平安。

而后，王爷祝吉祥之词：

罕山之福无疆，
所适收获无量，
神佛保佑无私，
立盼捷旗飞扬。

虎围队伍出发后，王爷转回内殿，喇嘛诵念启运经，每日3次。

出发前，虎围寻踪队要准备肥犬1只，并备双响（爆竹）若干，寻踪队到预定地点，先查看虎伤牲畜区域，如发现虎踪即履迹寻踪，

那只狗便退回原主。若踪迹不清，则把狗拴在树下，众人各自寻宿，人走犬吠，虎、豹一般则闻之而来，虎围队伍以此进行诱捕。次日早，寻踪队前来查看虎迹，见到虎豹扑食犬后遗留的血肉痕迹，当即飞报总管，总管报札萨克王，同时起队依寻踪队确认，在山进口处驻队，察明地势鱼贯而入，当看到蓝旗会于谷口，即知合围完成。

当寻踪队确知离虎不远时，彼此各递暗号，加强警戒。见到老虎先辨毛色，再分雌雄。雌者性柔狡猾难制，雄者刚猛气大易捕。同时还要看虎是熟睡还是警醒，若卧地不起或不怒，虎枪手在枪头上绑爆竹向其燃放，将其激怒，同时高声大喊，报告虎位。虎受惊被激怒，张口伸腿，以尾左右击地，当前爪抓地欲跃时，虎枪手各将枪柄插地，左足在前，右足在后，双手紧握枪柄，枪头向前待立，发怒的猛虎张口一跳，在其即将落地时，虎枪手将枪头刺入虎口中，借虎扑之势，枪头从舌根刺入颅内，同时由两侧铁棍卡住不使落地，如事先无有铁棍，枪从虎头穿过，为防虎足拍断枪柄，跃起伤人，两旁炮手立即开枪，袭击虎之两腋或头顶，使其速毙。

见老虎毙命，猎人齐声大喊："罕山之主，赐于无疆！"

有的老虎狡猾而不动气，见人躲避，寻隙逃匿，对此不可紧追或放炮袭击，恐其一旦中弹而不立毙者，则匍地而来，其行如风、力大无穷，可能让附近虎围人员处于特别危险境地。遇到此种情况，虎围人立即高呼，向邻近虎围队友传递虎之去向消息，使其他队围之。如果还不上围，只好任其远去，同时暗地追踪，再行调队合围。

捕得老虎，总管首先查验虎围人马有无伤亡，再行查询命中老虎的枪手、炮手，立即派员飞报旗札萨克王，并令附近村落派出车辆，装载死虎，随猎手带队来至王府门前。预先得知消息的札萨克王着围猎之服饰冠戴，步出府门出迎，此时喇嘛诵"启运经"，吹响大海螺，虎围员弁夹道举械，载死虎车辆从枪械下通过，札萨克王过目后，命人将死虎抬进府门吊在树上。

继之进行惩罚和褒奖仪式。先由王府亲兵将杀虎成员用黄布带子捆绑押到大堂候审，受审人必须是身着短衣免冠的罪犯装束。被押解上堂参见札萨克王，札萨克王假意动怒：

"你们何故擅杀兽中之王？罪该惩罚，先打四十蟒鞭！煞煞尔等的凶气！"于是，"行刑"之人便用黄布裹着棉花的鞭子抽打杀虎之猎人。此时，被打之人还要假装疼痛，哭喊哀告。

等戏剧性的"鞭刑"表演结束，庭审退堂后，"犯人"便被请到二堂领赏了。

领赏的打虎人必须衣着整洁，有官衔的还须戴上顶戴花翎。发奖仪式一般由协理或梅林坐堂。受赏的打虎人将死虎拖至堂前接受查验，双膝跪地请安，说明打虎经过，表明自己的勇敢，并愿意为王爷效劳等等。协理或梅林听完打虎人的禀告之后，先赏三杯酒，请打虎人当场喝下，然后奖赏银钱、物品以及红契牌子（地契）等。

最后，大厅升坐，大排筵宴，杀虎英雄坐首位，札萨克王赏酒赏肉并赏赐纪念品。宴罢，虎围结束。

祭敖包

祭敖包又称祭天、祭山，后演变为那达慕大会。喀喇沁旗王府祭敖包地点在王府前开阔的草地上。王府祭敖包的礼仪繁杂，规模盛大，其目的一为降灾祈福，二为检阅旗兵、提倡尚武精神，三为各参佐领汇报工作、奖优罚劣，决定下一年施政要点，四为决定官员差丁升迁革补。凡旗内一年大事，都要在敖包大会上讨论决定。参加祭祀和观看的人多达几千人，远近的商贩纷纷来此搭棚设摊，经销各种商品，

因此，也是一次富有民族特色的交易会。

祭祀活动一般是七月初一开始，到初三结束。旗内的参领（札兰）、佐领都要参加祭祀。有时还邀请领旗的王公贵族参加，以显示喀喇沁王公的尊严和权威。

准备工作从农历六月十五开始，帐房处的头目便按照固定的格局、等级、顺序搭设完毕。旺王时代，每次要搭三十几座帐房。

装饰敖包

王府的敖包有十三座，中间的高为九尺九寸，圆径九尺九寸，两侧的小敖包高约五尺左右。要提前将敖包的石头摆放整齐，插上杨柳树枝，再按五行方位插上彩旗，做些乌鸦、喜鹊的木制模型放在敖包上，挂上藏文写的经文旗幡，把敖包装点得五彩缤纷而庄严肃穆。

祭敖包

摆放供品

敖包前先摆上四个兵器架,前两架上只摆两张虎皮、两张熊皮;后两架上插刀、枪、剑、戟、金瓜、钺斧、朝天蹬,俗称"执事"。当中摆放九尺长的供桌三张,前桌摆放酒具、香盘,内盛些干鲜果品,还有宰杀的五头猪、五只羊、两头牛等供品。

比赛场地

工作人员要根据竞技内容,划分出场地,立上标牌,供比赛时使用。另外,还要把王公贵族举行野餐、晚宴的炊具,生、熟食品备好。

祭祀仪式

祭祀活动从七月初一早六点左右开始,喇嘛们在敖包前的"人"字形帐房内念"祭祀经"和《甘珠尔经》,锣鼓齐鸣,香烟缭绕。十点左右,王公祭祀开始。以一头色黄角正的公牛为主祭品。喇嘛们肃立两侧,诵经奏乐,鸣放九响火炮。然后由梅林念祭文,王爷或协理把盏敬酒、烧香、燃表、向敖包撒些铜钱。这时,凡参加祭祀的人都要行跪拜礼。王公贵族要着官服,士兵、学生穿彩衣,运动员背上弓箭,依次是喇嘛乐队、王公、梅林、章京、参领、佐领、王府的骑兵、赛马队、射箭队、摔跤队、教员、学生和地方绅士等,依次围敖包转三周。

祭祀完毕,王爷举行一次野宴。筵席仿照清廷的宫廷风味,烤整猪,王府的厨师先将烤整猪抬到王爷或协理桌前过目,然后进行肢解,再送到各人餐桌上,凡参加祭祀转敖包的人都能享受到野餐,但饭菜的等级却有区别。

文体活动

初二日开始举行文体活动,主要是练兵演习。第一项是赛马,赛程大约26里。每年参加竞赛的骑手不下百人,分为骑兵队和农民队,获得头彩的骑手会得到相当优厚的奖赏。

第二项活动是摔跤,这是蒙古民族传统的体育运动项目。每年的敖包会上,参加摔跤的选手不下三十名。健儿们身着跤服,英姿勃勃地上场,围观的群众齐声高唱助战歌,使摔跤场充满了紧张、热烈的气氛。

第三项是射箭。参加这个项目的人数最多,就连王公贵族也参加射箭比赛。比赛用的箭头是牛角或骨头做的,上边有五个孔,射出以后发出啸音,俗称响箭。中与不中的箭,啸音有区别,老练的裁判即使不看靶也能够准确判断出来。

贡桑诺尔布办学以后,喀喇沁旗的崇正学堂、守正武学堂、毓正女学堂的学生也参加比赛,竞赛的

搏克比赛

项目有体操表演、长短赛跑等，这给传统的敖包会增添了新内容。

检阅部队

农历七月初三，全天的活动是检阅部队，军事竞赛。检阅的科目有列队表演、马术、实弹射击等，凡是在比赛中获得一、二、三名的选手，王爷或协理赏给三杯酒、一条哈达以及其它奖品金钱等，以资鼓励。

晚会活动

旺王时期，敖包会都组织文艺晚会活动。有两处说蒙古书的，两处说好来宝的，一处唱歌的。

召开旗务会议

敖包会期间，参领以上官员都要参加旗务会议。各参领汇报一年的工作情况，互相评议。成绩卓著者晋级领赏，怠惰者受批评或退级降职。全旗各项应兴应革事宜，诸如佐领区箭丁户口之增减、丁壮骑射训练、牧副产品征收、仓租收入、差民服役、官员升任递补等等大事，都在敖包会上决定或记载。因此，敖包会除了是娱乐活动，更主要的是一次全年性的重大政治活动。

祭唐神

农历五月初二是喀喇沁蒙古族祭唐神的日子。届时村民携带酒、肉等食品到野外石刻的唐神前围坐好，献上祭品，祈求唐神保佑风调雨顺，人畜两旺，农牧丰收，国泰民安。然后支起锅灶，放上小米、大块肉，熬好肉粥，村民从自家带来碗筷，吃肉喝粥，喝烧酒。祭主宣布看管好自家牲畜、爱护青苗等条例。吃喝说唱，尽兴而散。此地蒙古族盛行一年一度祭唐神活动，延续到20世纪50年代，20世纪60年代后已不多见。

跳"查玛"

喀喇沁旗寺庙举办法会，跳"查玛"是一项重要内容。跳"查玛"各庙大同小异，除福会寺跳镇妖怯灾的"查玛"外，极善生乐寺跳请天神"查玛"、善通寺跳祭"卡吉德玛查玛"。

婚 俗

喀喇沁地区蒙古族过去的婚俗，既保留本民族传统习俗，又吸收了汉、满族礼仪中的一些元素，形成了具有地区特色的礼仪程序，主要分定亲、娶亲和婚礼庆典三项内容：

定 亲

婚事遵从"父母之命，媒妁之言"原则，一般由男方父母暗地里相看女方身材容貌，认为可以时，便央媒人带领儿子前去求亲。如女方父母同意，便设宴款待，筵席上双方家长商量确定定亲日期。定亲时，男方须向女方馈赠"四合礼"，即酒、肉、粉条、面粉四样礼品。"四合礼"以重量不同而区分为大"四合礼"和小"四合礼"。

娶 亲

娶亲前3天，男方须把大"四合礼"送到女家。女方要准备好陪送妆奁、首饰、四季服装等。娶亲时，男方一般要出动一大一小两辆车，小车接人，大车拉嫁妆。随车娶亲去7人，1名押车小姑娘，2名车夫，新郎与1名陪郎，2名"胡答"（男方直系亲属），其中"二胡答"须能言善辩，能唱歌念经。

娶亲车必须在日落前赶到新娘家，女方见到迎亲车来到门前，便将门关闭。双方的"胡答"互相对唱，各显才艺后，女方院门大开，迎接男方娶亲众人进屋。

男方娶亲众人进屋后要吃下马饭。女方摆上糕点、茶水，一般为8碟菜，2壶酒。下马饭为礼节性的，一般男方客人只喝一杯茶，有的吃几口，有的只看看就端下去了。

敬天地，敬翁姑。男方娶亲新郎把"羊五叉"放在木盘上，请岳父母上座，由娶亲的长辈陪伴就座。接着新郎用刀子割下第一片肉敬天地,第二片敬神佛,第三片敬岳父母。在割下第四片献给新娘时,双方"胡答"等人争夺盘内的"羊五叉",一般由女方"胡答"抢走。此仪式因此又称"抢羊五叉"。

开席餐饮。宴席一般为丰盛的"二八席",也叫"八碟子、八碗"。饭前和席间双方"胡答"互相客套、打趣。席间新娘给前来娶亲的人每人1条哈达、一双鞋。

打扮新郎。女方家人在屋地中央铺上一条毡子,用胡麻或小米撒上图案,新郎立于毡上,翁姑家给新郎穿戴一新,并在腰带上悬挂2条哈达、圆形的荷包等。然后单独款待新郎,食品为奶茶、炒米、奶油饭,须由女方嫂子喂给新郎3口"奶食"。

上马饭。各种仪式结束后,女方即摆上上马饭,供娶亲众人象征性地吃一点。临行,新娘要向家里供奉的神佛叩头辞别,然后乘车出发。女方送亲亲友也自派车辆随同。

这样,娶亲仪式就全部结束了。

妆扮新娘

喀喇沁蒙古族新娘装饰吸收了满族部分元素,新娘的衣服分内衣和长衣(长马甲),内衣绿色绣花,长衣为红色无袖套服,穿"花盆底"或"马蹄底"鞋,头戴钿子,装饰绢花、翠珠。此全套婚服从北京购买,

每村必备一套,供各家婚礼借用。次日,新娘要穿夫家做的红色衣服,头戴扇形冠。

拜天地

这一环节,是喀喇沁蒙古族人吸收汉族部分文化元素,逐步形成的风俗。时辰提前查好,吉时一到,无论到家或者在途中,立即燃放鞭炮、烧香燃表,新婚夫妇跪下叩谢上天。"分头妈"将双方发髻梳理一下,搭在一起,说些吉祥话语,以示双方成为结发夫妻。

祭火神

在院内或屋内的火盆中架上干柴,点上海灯,向火中投彩色面条、干鲜果品。夫妇跪下叩头,诵《祭火经》,新婚夫妇净面净手,表示去秽降福。此仪式一般由喇嘛主持。

拜翁姑、认亲友

男方将直系亲属排序安排在炕上坐好,由新娘首先向公婆叩首,并双手献哈达和布鞋2双,哥嫂也同时接受2双布鞋。其他亲属则接受敬献的"褡裢""靴掖子"及"哈达"1条。随后,新娘给亲属敬酒、敬烟、敬茶等。此时,丈夫家亲属则要赏赐新娘礼品和钱物,新娘叩头拜谢。

接待送亲宾客

喀喇沁蒙古族送亲阵容庞大,少则30人,多则百十人。夫家同样准备果品、名茶、下马饭、筵席、

上马饭等，男方翁姑和新郎要为每一位送亲人敬酒。

闹洞房

喀喇沁蒙古族闹洞房较为文明，主要让新婚夫妇单唱或对唱蒙古民歌，最后大家一齐唱歌、说唱"好来宝"等。结束时，新娘给闹洞房的客人斟一杯酒，分发糖果。

众人散去后，由"分头妈"铺好被褥，整个闹洞房仪式结束。中华人民共和国成立后，随着移风易俗活动的开展，喀喇沁蒙古族婚礼大为简化，但一些文明传统仍得以保留。

服 饰

喀喇沁旗蒙古族，清初以前服饰与游牧生活相适应，喜穿长袍，穿为衣，脱为被，骑乘保护膝盖，与其他地区蒙古族服饰基本相同。

喀喇沁右旗建旗后，蒙古男女都喜欢穿蒙古袍，但较其他地区，其蒙古袍瘦长、开歧，腰带宽厚，衣服多为彩绦镶边。衣料有皮毛、棉布、丝绸不等。男子颜色尚蓝、深蓝者多，妇女喜穿红绿、天蓝色。为防天寒风袭，中老年喜欢穿戴大襟衣服。男式蒙古靴子多为牛皮革制作，女式靴则多为布制绣花。冬季的皮衣，用上等羊皮自家鞣制，自家缝纫。劳动时穿的皮衣，不吊面，经济耐穿。男子服装多为宽袖大领，长袍外套马夹，以成幅彩绸扎腰。妇女也喜穿长袍，通常老年妇女穿白布"柴木其"，青中年妇女穿蒙

民国初年旗民服饰

蒙古族服饰

古旗袍，未婚妇女穿鲜艳的长袍套马甲（坎肩）。蒙古旗袍是满族旗袍的改造，颜色多为粉红、深绿、浅黄或天蓝，袍外罩马褂。

　　蒙古男帽有礼帽、便帽之分，礼帽又分冬夏，夏帽仿清代圆锥形红缨凉帽，冬为卷边红缨暖帽。便

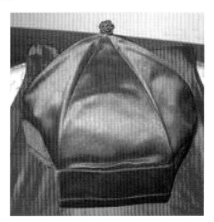

六瓣统合式小帽

帽春、秋、冬三季皆用，为六瓣统合式小帽。喀喇沁蒙古族妇女受满族妇女的头饰影响，已婚后妇女多梳"两把头"，把头发盘在头顶，用簪子横插在发根，梳成盘发高髻，两耳戴坠子，手镯只在左腕戴一只。

　　近些年来，蒙古族服饰随潮流而变，除节日和喜庆日穿民族服装外，服饰与汉族相同。

长袍

饮　食

猪、牛、羊肉为喀喇沁旗蒙古族传统肉食品。其中最具特色的应为喀喇沁烤猪。主要食品有手把肉、奶豆腐、黄油、奶茶、炒米、肉粥。

蒙古凉粉

但雍正、乾隆之后，牧地多垦为农田，蒙古族饮食习惯逐渐与汉族相同。

豆包、凉粉也是旗内蒙古族特色食品。以蒙古豆包为例，其用料及发面等制作工序与东北等地民间有所不同，故而蒸出来的豆包酸甜可口，有黏豆包和笨豆包（不黏的）两种，堪称美食。

丧葬风俗

最初，喀喇沁旗葬俗也和其他草原地区一样，人死后不从蒙古包门抬出，而是把哈那抬起，把尸体运出。用勒勒车拉到草原上，尸体落在哪里就在哪里埋葬，表示这是死者自己选的地方。死者亡时要请喇嘛念经，送葬回来后喇嘛还要念经。

自康熙、雍正后受汉人影响，其葬俗和汉人大同小异。一般是老人亡故时儿女要到亲戚家报丧，请左邻右舍帮忙，请德高望重的人主持葬礼，请有经验的人安排送葬程序。三七、五七、周年要请喇嘛诵经超度亡灵。乐器有笙、管、笛、箫、十二音锣、响铃，人数 6～12 人。搭灵棚的灵前放长明灯，摆果品。出殡前找阴阳先生选坟地。棺材里放上干草或香，以免颠簸时尸体移动。长子摔丧盆，在棺前扛引魂幡。每走一段距离或过河过坎时送葬的儿孙都要向棺材磕头，到坟地后先将下水罐放入墓内，由长子先填三锹土，把棺材放进填土，送葬儿孙烧纸告别。如果是男女合葬，其位置是男右女左。

送葬人回来之前，要把死者衣物在门前烧着，送葬人回来要从火堆迈过以免带进鬼来。门前放有点心，每人都要吃一块。如果死者是老人，送葬人要多拿几块回去给孩子吃，以示长命百岁。出殡后家里要贴符避邪。如果死者死的日时不好，还要进行破醮。喇嘛念经收取报酬一般视贫富而定，无规定数额。阴阳先生除固定收费外还要把动土时的大白公鸡带走，破醮时另加费用。

赶庙会

清代和民国初年，喀喇沁旗凡有经济实力的寺庙都举办庙会，正月和农历四月举行。庙会期间，僧人集体进行诵经，寺内舍粥（肉粥），凡参观庙会，人皆可食，届时人流蚁聚，热闹非凡。喀喇沁旗庙会尤以福会寺的庙会规模最大，大铁锅以3块生铁焊接而成，深达二米，大锅能煮一石二斗米。参加庙会的王公贵族、善男信女，届时都向庙内布施钱财、米粮、牲畜、衣物，喇嘛则向贫困人舍粥。庙会之日，可谓是喇嘛的盛大节日。

锦山文化广场舞龙场面　王玉林／摄

庙会

喀喇沁旗的庙会持续到20世纪30年代后期。

放河灯

此佛事活动在农历七月十五夜里举行，此日人称为鬼节，意思是说地狱里各种魔鬼都放假一天。天黑之后，人们把用木板、竹篾子、秫秸秆、油纸扎成的大法船放在水中点燃蜡烛后，任其随水漂流，此时河中灯火通明，岸上的人向河里投掷食品、酒类、奶类，意谓给那些贫穷饿鬼充饥，此为善举，取佛家普度众生之意。此时除大法船之外，尚有无数脸盆大小的河灯。

放河灯

民间传说冤鬼转世脱生，因阴司阴暗，必须提灯而行，没了一灯就是有一个鬼魂要托生去了。毛泽东诗词里的"纸船明烛照天烧"就是此意。放河灯属于僧俗共同举行的佛事活动，俗人主持仪式，僧人则在岸上齐诵经文，为冤鬼超度。

喀喇沁放河灯的习俗起于辽代，结束于20世纪50年初期。每到农历七月十五，都要唱大戏，目莲僧救母是保留节目。放河灯之日，远近僧俗都来观看，这是佛教文化与民俗文化结合的一大景观。期间有物资交流的商业活动。

祭 火

蒙古族在腊月二十三晚举行祭火仪式。是晚,在屋内灶前摆好火盆,锅撑子,把酒、肉、点心、大枣等放入燃烧的火盆中,家长领全家烧香磕头,口念祝词。

祭祖先

蒙古族在腊月二十八或二十九祭祖,这天悬灯笼,贴年画,贴蒙

喜迎春节 王玉林/摄

文春联。晚上待星星出齐,长者带全家烧香,烧黄表,摆上贡品,乞求祖宗保佑一年平安。

通 礼

蒙古族通常礼节主要有以下三项内容:

待 客

喀喇沁蒙古族客至,全家老幼出门迎接,并依次向客人问安,男子屈右膝,右手沿膝下垂,俗称“打单千”;妇女双手相握,曲双膝,俗称“打双千”。请客人吃饭时,

晚辈男女垂手而立,伺候客人。

蒙古族人禁止晚辈陪客,但要向客人献茶敬酒,以示尊敬。

敬 老

旧时,喀喇沁蒙古族儿媳在公婆睡下后才能回房休息。儿媳回娘家省亲要向公婆请假。在路上遇见长者要恭敬地站立,待长者允许后才能走开。老人谈话时不许青年人插嘴。老人赐给糖果或物品,青年人必须双手去接,接后表示谢意。长辈住正西屋,青年人须按家长、长辈吩咐做事。凡已婚妇女不论年龄大小,只要其丈夫健在,必须头上戴花。上述禁忌很多都已废弃。

禁 忌

日常生活中,蒙古族人家不得在火盆上烤脚取暖和向盆内吐痰;

马鞍子不准带入屋内;

使用室内器具后,必须放回原处,否则将受到主妇责备;

出门入户不许衣衫不整;

以白为贵,以火为尊;

吃饭时须盘腿而坐;

媳妇忌一条腿半坐炕,另一条腿搭在炕沿下;

客人不得手持皮鞭进屋,不得进产妇房间;

产房门挂一小弓箭是生男,挂一块红布是生女;

敬献哈达为最高礼节。

喀喇沁旗汉族民俗
服　饰

清代及民国，喀喇沁旗流行的主要服饰有：

长袍。高领左衽，自领口至腋下钉有5枚用布条团成的绳（带）结成的疙瘩扣（俗称蒜母疙瘩）。冬季棉袍，多黑、深蓝色，夏穿大褂，灰青色居多。春秋穿长衫（夹长袍），两侧膝下开歧，以便于行走。

马褂。高领对襟，常套袍衫之外。

袄。劳动者常用上衣，布料制作。男子对襟，妇女、老人右襟，按季节分棉、夹、单。

马夹（坎肩）。挖圆领，无袖，多为内套衣。

旗袍。源于清代满族服饰，高立领，胸身下摆较窄，臀部略宽，袍长至膝下，冬衣长袖，夏衣半袖。

裤。民国以前多为大裆裤，扎裤腿。

学生服。青、蓝、白、灰居多。立领对襟，左胸挖兜。

中华人民共和国成立后，长袍大褂逐渐绝迹，制服式服装向城乡普及。男装有学生装、中山装、军便服、青年装。女装有春秋衫、两用衫、拉链衫。"文革"时期，青年人以穿戴绿军装为时尚，中老年以大青大蓝为主。

改革开放后，服装款式变化日新月异。男子着中山装者渐少，多为夹克衫、休闲服、西服。冬着皮装、呢大衣，春秋外套风衣，夏穿

喀喇沁蒙古族服饰（喀喇沁王府博物馆）

半袖衬衫、T恤衫。锻炼时着运动衫。女装变化最快，有体形裤、牛仔裤、裙裤。裙有西服裙、套裙、百褶裙、连衣裙、背带裙、喇叭裙等，不一而足。

节日礼仪

春 节

农历正月初一日为春节，春节前夜为除夕。春节，是一年之中最盛大的传统喜庆节日。除夕，室内外灯火通明，长幼团聚，彻夜不眠，称作"守岁"。除夕子时，燃放鞭炮烟花，五颜六色，晚辈给长辈拜年磕头，长辈给小孩子"压岁钱"。全家团聚吃更岁饺子，看春节晚会，酒肴丰盛，喜气满堂。

节日中的喀喇沁旗委政府大楼夜景

大年初一，街坊邻里的年轻人，三五成群，七八一伙，人人穿戴一新，挨门逐户拜年问好。初五前后，新婚夫妇，携带礼物去至亲近友处拜新年。

旧时，过春节时还要"请家堂""接财神""送灶王"，烧香烧纸，敬神祭天。1949年后，这类活动逐渐被淘汰。

喀喇沁地区的秧歌　王玉林／摄

元宵节办灯会

农历正月十五为元宵节。当天晚饭，多吃元宵。正月十四至十六晚上，有高跷会、秧歌队、小车会、

锦山小城的节日之夜　王玉林／摄

跑旱船、耍狮子、舞龙灯、抬阁、背阁等娱乐活动。

元宵节晚上，家家户户门口红灯高悬，村村镇镇撒路灯，男女老少喜气洋洋接灯会，恭迎"灯司老爷"。灯会主角是坐独竿轿的"灯官爷子"，倒骑毛驴的"灯官娘子"。有三班衙役护卫，紧紧跟随。灯会走家串户，"灯官爷子"见景生情，说些吉利话。主人家备茶点，给赏钱，放鞭炮烟火。

添　仓

农历正月二十五为"添仓日"，此日男主人早早起身，日出前用草木灰或谷糠在院中撒画一个或数个有梁有门的图形，俗称"打囤"。囤底十字交叉处放一把五谷杂粮。用砖瓦压上，预祝新的一年五谷丰登。日出之后，主人放出小鸡，任其随意啄食撒在地上的五谷杂粮，

认为鸡先吃哪样粮食，哪样粮食品种必有好收成。家庭主妇还用面做成小人，用黑豆按上眼睛作为"仓官"，蒸熟后置于粮仓内，保其粮仓永满，且不招老鼠。

二月二龙抬头

农历二月二日传说为龙抬头之日。人家庭院内除打囤外，还要用草木灰或谷糠从井沿撒到屋内水缸前，形成两条灰、糠线，形似龙，是为引龙，象征一年风调雨顺，五谷丰登。

这天早饭各家多有烀猪头吃猪头肉的风俗。也有的人家吃龙蛋（同元宵相似的油煎食物，寓灭杀害虫之意）。这天，妇女不动刀、针，怕切断龙头，扎坏龙眼。儿童多饰"龙尾"（妇女把秫秸稍剪成小节，把彩花布剪成铜钱，把玉米爆成玉米花，将其用彩线交错穿连成串，其中配有小小盖帘，缝在小孩的衣服背后，称为穿"龙尾"）。

二月二这天，男人们可以理发剃头，当地忌讳正月里理发剃头，民间传说"正月剃头死舅舅"，故而每到二月二这天，理发店、剃头棚顾客爆满。

清明节

清明节这天，晚辈给故去的亲人上坟添土，烧化纸钱。干部、学生结队去革命烈士陵园扫墓、植树、

举行悼念活动。清明节多食用煎饼。

端午节

农历五月初五早晨日出前，人们赶往河边洗脸、采集艾蒿、车前子、山花椒、小麦和桃柳枝等，放在外窗台上，插在大门两边，还有将艾蒿、车前子掖在耳根的，以免疫去瘟。家家门前悬挂各色纸扎成的葫芦。小孩带绣有荷包、青蛙、虫鸟、结籽石榴图案的兜肚，每人胳肢窝下系荷包，手腕上、脚脖上系五彩丝线。

端午节早饭，家家须在日出之前吃煮熟的鸡鸭鹅蛋和粽子。粽子内可包入大枣或芸豆。

中秋节

农历八月十五日为中秋节。当夜明月高悬，全家团聚，在庭院摆桌祭月，祭品有月饼、各种水果，把西瓜切成月牙状放在祭桌中心。

祭月后，全家边吃边谈，直至深夜。

腊 八

农历腊月初八为腊八，这天早晨日出前，家家煮"腊八粥"。此外，民间风俗，"腊八"一过，民间债权人都要清理债务了，有"步步紧的'腊八粥'"之说。

小 年

农历腊月二十三为小年，旧时过小年家家"祭灶"。这天晚上把贴在锅台后的旧灶王爷像抹上黏糖，揭下来烧掉，谓之"辞灶"。年三十在灶王爷像两边贴的新对联大都是"上天言好事，下界保平安"。此日大人都给孩子买糖葫芦。

汉族除节日饮食习惯外，还有头伏饺子二伏面，立秋吃年糕，送行饺子接风面之说。

赤峰市津红评剧团演出　王玉林／摄

婚　俗

喀喇沁旗汉族联姻程序一般为：议婚、定亲、下礼、做包袱活、送亲、拜天地、闹洞房、回门等。

定　亲

也叫换盅、挂坠。当媒人出面穿针引线，双方基本同意后，女方家长先到男方家"相门户"，如果相中了，就留在男方家吃饭。倘若不吃饭就说明没相中，婚事不成。女方家长"相门户"相中了，双方交换男女庚帖，即把写有意欲结婚的男女姓名、年龄、属相、生辰的帖子交算命先生，也叫合婚。如果符合"合婚"条件，合婚后男方携带耳坠1副，手镯1副，定亲衣1身，布匹若干，去女家定亲。女方待嫁姑娘出来给准公公、婆婆满酒、满水、装烟、点火，此时，公婆都要出赏钱给女方。然后，婆婆亲手将镯子戴在女方手腕上，亲手将耳坠挂在女方原来的坠子上，即所谓"挂坠"。中午酒席宴上，男女双方长辈各自在酒盅中斟满酒水后，敬献于对方，互相接过对方斟满水酒的酒盅，一饮而尽，故谓之"换盅"。换盅仪式结束后，双方的婚事就固定下来了。

下　礼

婚事确定之后，男方准备结婚事宜，就请媒人带着4对布（即8个布，每个布10米）、4两头绳、2副腿带、1条裤带、两匣胭粉，带足女方所要之彩礼钱和"连门贴"，"连门贴"上写明男方意欲结婚的日子、时辰、禁忌和新娘"坐福"的方向等事项，一并送往女家，这叫下大礼。到结婚前四五天，男方还要送女方家一口40公斤以上的活猪（后变成只送1只猪头），20公斤白酒，20公斤粉条，这叫下猪酒。

做包袱活儿

男方下过礼后，女方便约请亲友邻居中的"全命人"（即儿女双全之女人），来帮忙做包袱活儿，即女方陪送的嫁妆。一般是铺盖数套、鸳鸯枕头两对、包袱鞋数双、门帘1条、大红"福衣"1身。被褥四角放上大枣、栗子和铜钱，是取"早（枣）立子（栗子）"之意，愿其早日生儿育女，放铜钱表示有

掸瓶

福气，不缺钱花。新娘还要给公婆做1双鞋等。早先，女方准备陪送嫁妆，一般不可缺少的有捧盒、帽盒、梳头匣、梳头镜、茶坛、掸瓶、洗脸盆等，随着时代发展，其品种逐渐有所变化，均为高档家电、生活应用物品等。

送 亲

汉民结婚多数送亲，少数娶亲，送亲客有新娘的弟弟、车夫、送亲客和新娘共4人（必须是双数），挑送嫁妆的人多对。这些人必须与新人属相相合，不能"犯相"。

新娘兄长将新婚出嫁的妹子背上车，新娘的嫂子端出一碗饭递给新娘，新娘吃一口饭后，一半吐在嫂子的衣襟上，一半吐在自己的手帕上，连吃3口，连吐3次。嫂子将饭包上取回放入粮仓中。新娘将另一半放入婆家粮仓中，寓意为新娘将"福气"一半留给娘家，一半带到婆家。此后，新娘怀抱铜镜或玻璃镜子端坐车内，在靠近娘家的半路途中，新娘须面朝外坐着，当娶亲车、轿行进在靠近婆家的半路上的时候，新娘须面朝里，寓意为新娘过门后不想家。如果两个娶亲车在途中相遇，两家的新娘不能相见，两家还要互换一些所带之物。路上遇到寺庙水井时用红毯或红纸遮挡，不得使新娘看见。新娘被接

到婆家之后，先不能直接进入新房，而是安置在其他居室内休息、等待。

拜天地

拜天地，又称拜堂、拜花堂、拜堂成亲，是婚礼过程中最重要的大礼，是拜天地、拜祖先、拜父母

拜天地

之礼的统称，在夫妻对拜之前进行。即所谓"一拜天地，二拜高堂（父母），夫妻对拜，送入洞房"。拜堂之后，即正式结为夫妻。

夫妻对拜后，新娘走到炕沿前，脚踩"跳脚糕"（用米面做的发面、黏糕等干粮，事先用布包好，放在炕沿下，专供新娘脚踩上炕。）新娘子上炕后，夫妻同喝交杯酒，吃新娘带来的子孙饺子。子孙饺子的数目也有定数。吃过子孙饺子，新娘便开始按一定方向坐福，坐福一般至婚宴前结束。由新娘的弟弟给新娘挂上门帘。

闹洞房

晚上，同辈（弟弟）、小辈（侄、孙）前来闹洞房，逗趣、玩笑。若家有长辈，新婚夫妻的洞房大多安

排在右边屋子。

三天回门

回门又称"归宁"，即"回娘家"，是汉民族的传统婚姻风俗。回门是新婚夫妇第一次回娘家省亲，夫妇二人需双双对对参拜女方父母，这是一种必不可少的礼节，新郎见到岳父岳母应改口为爸爸、妈妈，为整个婚礼正式收尾。

祝　寿

百善孝为先。喀喇沁旗百姓历来有给老人祝寿的习惯。一般有五十大寿，六十大寿，七十大寿。做寿要设寿堂，挂起寿纬，摆寿烛，张灯结彩，儿女、子孙按辈分分批给老人拜寿。

现在受西方文化影响，往往给寿星送蛋糕，上插蜡烛，给寿星戴纸做的帽圈，吃长寿面，面条要长，不能从中断开。

通常礼仪风俗

清代，见面多是作揖，施礼，妇女多用拜福礼。民国年间，见面时男子多为脱帽礼，妇女多为鞠躬礼。1949年后，见面时普遍施行握手礼。

过去，家中应酬亲朋好友，以男子为主，内眷回避。1949年后，男女平等，共同待客。客来笑迎，敬茶递烟，客去送至大门外，握手告别。宴席茶会，尊客让座，吃菜时先请客人下筷；酒先敬客人；吃饭时，客人不放筷，主人要相陪。

女儿生孩子，娘家要带上鸡蛋、挂面、红糖、白面等去"看欢喜"。娘家妈要在第5天带着孩子衣被去看外孙或外孙女。邻里亲友下汤米表示祝贺。小孩百天时，外婆要接小外孙或外孙女"过百岁"，给小外孙或外孙女挂长命锁子。

晚辈结婚，长辈给拜见钱；晚辈出嫁，长辈给"押腰钱"。邻里街坊、亲朋好友带上礼物或现金去祝贺。

民间信仰习俗

放　生

源于佛教戒律不杀生之意，但对于以肉食为主的游牧民族来说确实是一件不容易的事，于是佛教就采取了一个变通办法，在每年大年三十至初五或十五期间不吃荤，不过也有虔诚的佛教徒终生不动荤者。

许愿、还愿

神佛前起誓是喀喇沁旗过去民间的常见现象。许愿，是在神佛像前说出自己的心愿，请求神佛帮助实现自己的目的，有的许以给神佛更换新衣袍，有的许以重盖佛殿或吃长斋，有的许以三天大戏或再塑金身。如果乞求目的得以实现，就必须还愿，不还愿将要受到神佛的惩戒。这种信仰习俗在喀喇沁流传甚久。

放生

画符、念咒

喀喇沁旗汉传寺庙流行，如家宅不安，有人长期闹病破财等等不如意的事，人们就要到庙上求道士、和尚画符。喀喇沁旗民间流行画符念咒之习俗是由香头来做，香头有男有女，老百姓把此习俗称为看香。

跳墙姑

喀喇沁旗汉传寺庙中有跳墙姑的习俗。男孩生下来之后，经常闹病，家里人就请香头看香，香头说，这孩子是顶星星下界，是偷下人间的，怕上天来人抓他，只能把他暂时寄存在庙里，进行剃度之后，仍回到俗家去住，这就成了佛家的记名弟子。剃度的光头上留一绺头发编成小辫，小孩子们戏称为"怪毛"。这种小孩叫跳墙姑，是因为孩子长

到约定的岁数后需到庙里去赎身，交上赎身的财物后，由和尚领进禅堂，念咒、还愿后，小孩在前边跑，和尚在后假做追打状，前边放上一条板凳，小孩跳过板凳时，和尚打一笤帚疙瘩，从此这个孩子就不算庙上的人了。孩子跑回家里时不能直接进屋，在院门口放上一盆清水，洗完头后，把怪毛剃掉，从此与庙再无关了。这种跳墙姑习俗一直保留到20世纪50年代。

挂咸菜疙瘩

在九神庙里一进门墙角处，站立着一个残废的泥像，老百姓称之为"十不全"。每到庙会之日，"十不全"脖子上、胳膊上都挂满咸菜疙瘩，传说，"十不全"掌管天下上呼吸道的疾病，凡犯支气管炎的

人家，都认为咳嗽是咸盐咸的，所以在"十不全"身上挂上咸菜疙瘩能使自己疾病痊愈。据传说"十不全"是康熙年间的清官，本名施仕伦。

叫　魂

喀喇沁旗过去流传着一种给人叫魂的习俗，这种习俗多是针对久病不愈毫无生机或受到惊吓的人。叫魂的办法是，首先找香头或和尚指点当事人的魂被×××压住，再朝那个方向去叫，时间是在晚上星星出齐之后，由当事人的亲属拿着请人写好的拘魂贴，按指点方向烧掉，然后叫着当事人（丢魂人）的名字，一路不回头地往家走，如"×××同来吃饭呀""×××同来找妈呀"等。到了自家门口，家里人接应叫魂人，叫魂人说"×××回家来呀"，里面接应的人说"回来了"，并用木勺子或筷子在屋门的上门坎上磕打三下，或用针在窗上扎七个小孔，让丢魂人的灵魂归来。

拴娃娃

娘娘庙里往往进行着一种拴娃娃的民间习俗。首先是求子求女的香客到娘娘的塑像前发愿，让娘娘保佑自己生子或生女后，把摆放娃娃的位置记好，出来后让预先找好

娘娘庙

的全命老婆婆按照自己的要求去偷。全命老婆婆按雇主的要求（或要男或要女）把娃娃偷了藏在衣服里出来交给雇主，雇主给偷娃娃的老婆婆一笔钱，老婆婆再与庙里和尚分成。娃娃的来源大部分是和尚的手工制作。缺乏子女的妇女偷到娃娃之后，就把娃娃藏在被垛里边，预兆将能生儿育女。庙中多数都供奉张仙，张仙的画像是一位武将形象，手挽强弓的对联是："打出天狗去，引进子孙来。"

泰山石敢当

喀喇沁旗过去在村口或私家门口、房顶经常见到刻有"泰山石敢当"字样的砖或石块。泰山为五岳之尊，东岳大帝居此，此山之石，俱有神灵守护，用以镇宅。原来石块均取自泰山，后来就地取材，刻上字样，相传也能获得效果。

祭龙王求雨

喀喇沁旗龙王庙颇多，遇有天旱不下雨时，人们请僧人念经，并把龙王塑像抬到轿子上四处游行。

石敢当

游行队伍的头上，戴有用带叶柳条编的圆圈，敲鼓奏乐，前面的人用桶或脸盆不断向空中洒水，以示求雨之意。

避星

星相学根据人的出生八字排列，确定其流年的吉凶祸福，流年不利的星辰当值就需要避之。避星的办法是从香头或和尚道士那里请来符后，按照指定地点收藏，在年三十、初一、初五、十五的晚上避之闲屋，不见三光，不接触生人，躲过此时，即保无虞。一般都在本命年里举行避星。

迎财神

除夕子夜，男主人提灯走出户外，按财神所在方向摆好供品，点燃香烛，鞭炮齐鸣。男主人回到室内，室内人问："迎来财神了？"男主人恭敬地说："迎来了，迎来财神了。"

喀喇沁旗满族习俗
葬　俗

满族原来实行土葬，努尔哈赤创建八旗时连年战伐，为方便起见，不得已改为火葬。康熙二十六年十二月，祖母（孝庄皇太后）去世时，康熙不忍火葬，改为土葬。雍正元年清廷明文规定，一概不许火化，改为土葬。

满族以黄色为贵，以红色为贱。停尸后，将亡人生平写于白纸上，贴于门外，用麻秆杆扎成白色的引魂幡，报丧、入殓。棺材分大头小尾，棺材前部有活动隔板，上绘七图，底上铺干谷草，放上百枚铜钱，谓垫背钱。死者如有官职，要摘去顶戴花翎，平民也要摘去帽子。守灵时，孝子要在背后解九连环，据说解开一遍就替死者赎一层罪孽。满语歌（赎罪歌）要唱九遍。姑娘、媳妇着白孝箍，白孝带，穿白孝袍。孝女早午晚三次哭灵，女婿只扎孝带不穿孝袍。孙子孝帽上缀一红十字，外甥、外孙孝帽上缀一蓝十字。

满族七天出殡，出殡那天五更时，孝子要把棺材头挪一下，谓之醒灵。孝子摔碎丧盆。走大路，不走回头路。送葬过程中要有人唱悲歌，孝女孝妇要大哭。坑深七尺，上下呈长方形，东南走向。下葬头一天孝子要把墓坑扫干净，下葬时

把长明灯放进坑侧小洞里，再放进一小瓶小米饭菜让亡灵食用。把尸体放入坑内后，子女们绕坑三周，进行填土，然后众人齐填，此时填埋起来的坟堆不需拍实。孝子把挖坟时的第一锹土放在坟顶后，主持人将幡及孝帽等物烧掉，孝子把孝袍包好带回，原路回家。进院时，孝子先把包裹孝袍的包袱隔墙丢入院子，进院拾起。家里人把死者住屋清扫，请帮忙邻舍及亲友坐席。三天后，孝子孝女到坟地圆坟，供品丰盛，意在让死者与邻近亡灵处理睦邻关系。烧完纸钱、供品，再把坟土规整好。

送花篮是满族特有葬俗。五七后，姑娘每人扎一花篮，带上贡品，祭奠后，姑娘即可脱孝，摘去黑纱。

百天时，儿孙要上坟烧纸，祭奠后脱孝。亡者三年祭日，全家要隆重祭奠。以后只在清明、七月十五、腊月三十上坟。清明上坟时，用柳条若干（以死者寿数为准）插于坟的周围，贴上五花纸，腊月三十要烧包袱。

祭　祀

满族原来信奉萨满教，后改信道教和喇嘛教，祭祀时由家长主持。也曾供奉女神，满语叫佛陀，像汉族的女娲一样。入关后，供奉神位以男性为主，禁止供奉祖先及动植

169

物神，只许供奉佛陀妈妈、观音、关羽。直到把藏传佛教定为国教之后，这种现状开始改变。

祭 祖

每岁春秋有大祭之礼，平素祭奠。满洲人家供有祖宗板、家谱匣，祖宗板下边贴有挂钱，颜色属于哪个旗管辖，就用哪个旗色。祖宗板上绘有老罕王努尔哈赤骑马之像，平日不许揭看，只待年三十晚上方可启看。祖宗龛额写满文的"白山黑水，源远流长"，其下有佛陀妈妈神像。

院内影壁前立九尺半索罗杆，上挂锡斗，下堆三块神石，锡斗内盛猪肉悖悖。据传索罗杆是努尔哈赤挖人参的用具，锡斗肉是食用，

索罗杆

三堆神石是支锅的石头。也有传说乌鸦救过努尔哈赤的命，锡斗上的食物是供给乌鸦享用的。

拜 佛

满族人在祭祀头一天，先把关帝、观音佛像请下神位，让小男孩抱着绕院走上一圈，谓之"备马下地。"

"背灯祭"及其由来

喀喇沁满族"背灯祭"独具特色。

"背灯祭"专祭"万历妈妈"。相传明朝万历年间，听说北方出了真龙天子，明帝派兵缉拿。有个李总兵发现自己马童小罕子脚上长了7个红痦子，于是就作为真龙天子缉拿归案。李总兵爱妾喜兰半夜将总兵灌醉把小罕子放走，自己却被总兵扒光衣服鞭挞而死。后来，逃走的小马童称汗为王，回想起喜兰姑娘不惜一死救自己的事情，就敕封了喜兰姑娘为"万历妈妈"（因死于万历年间），令族人每年祭祀。因为万历妈妈是被裸身打死的，成神以后，仍然是没穿衣服，所以后人祭祀，一定不能掌起灯火，否则万历妈妈会羞赧的。

再后来，这个小马童的后人果然夺取了大明的江山。这个小马童就是努尔哈赤。

"背灯祭"每冬一次，夜间举行，用黑幔遮住门窗，熄灭灯火，

桌上放熟猪肉等祭品。然后念祝辞，全家老小磕头后再点上灯。十家满族乡一带"背灯祭"一直保留到"文化大革命"前。

通 礼

满族注重礼节，男子见面，彼此请安问候（左腿前躬，右腿半蹲，右手下垂）也叫打千。男子远行归来，先给父母请安，然后才回到自己房里。妇女行蹲礼，十指相对，双手按膝下蹲并道"万福"。满族姑娘被称为姑奶奶，在娘家享有很高威望。

忌 讳

满族忌来客坐里屋西炕，因为上有祖宗板。不准打狗，不准吃狗肉，不准使用狗皮，不准打乌鸦、喜鹊，不准杀马，因为它们都有救主（努尔哈赤）的功劳。

喀喇沁旗回族民俗

节 日

喀喇沁旗回族恪守信仰，有本民族的三大节日（开斋节、古尔邦节、圣纪）的庆祝活动。回族人家也在斋月入斋后制做油香，按家传送互赠，宰牛羊的人家或准备菜肴的人家，请阿訇诵经，设"经堂席"（聚餐），以示庆贺。近年来，由于人们的生活逐渐富裕了，各家拿上油、面、肉、菜等到清真寺去做开斋饭，过乜贴，凡参加封斋、礼拜的人，都被留下来聚餐。

除三大节日隆重庆贺以外，对于一些有来历和有纪念意义的节日，如穆圣登霄夜、拜拉特夜、盖德尔夜等。这些节日都举行纪念活动。

尔代节

尔代节是回族人的盛大节日，尔代节俗称大开斋节。伊斯兰教历九月为斋月，一个月期满后十月一日为开斋节。斋月的开始与结束均以见月为准。开斋节这天全体穆斯林沐浴，着新衣，进清真寺做礼拜，拜毕，相互"拿手"（一种握手礼），

尔代节

171

表示祝贺，并有相互道歉、谅解之意。

礼俗和生活习俗

回族家庭家教很严，孩子从小就懂得尊老爱幼，邻里相帮，眷顾亲友，如发生意外灾难，争先恐后慷慨相助和安慰，对孤寡老人给予特别关照。

回族人严禁说谎，禁吸食毒品，禁赌博、偷盗和奸淫。在语言方面，回族人在使用汉语中夹用一些"回回话"。在服饰方面，按伊斯兰教规定，男人从肚脐到膝盖为羞体，不能外露，女人从头（不包括脸和手）到脚都为羞体。妇女喜戴盖头（头巾），男人们喜戴白帽。

从回族人的饮食结构来看，以五谷杂粮为主。回族比较有特色的面食是油香、"散半萨"（阿拉伯语，三角的意思）、麻花、麻叶、油炸糕。回族人正宗宴席的佳肴是"九大碗"菜。"九大碗"的摆法有讲究，每三碗一行，计三行，成正方形，无论从哪个角度来看都是三行，故有

九大碗菜

回族食品

"九碗三行"之说。其中"肉丸子"要放在中心,寓意和谐团结;"炖鸡块"放顶端;"烧鱼段"放在下边;"鸡(凤)头""鱼(龙)尾"表示吉祥如意和富足有余;一碗"羊杂"五内俱全,表示主人全心全意;"素溜白菜片"寄寓着纯洁的感情;"炖牛肉"表示真诚实惠。总之,每一种菜都有象征意义。

喀喇沁旗回族人喜欢喝茶,家里来了客人,主人立即沏杯茶双手奉上。

肉食方面,禁食猪肉等是回族风俗最突出的标志。回族人不仅不食猪肉,但凡是接触过猪肉的物件都不能用,从意识和情绪上认为是不干净的。

回族穆斯林只对安拉下跪磕头,不对任何人、动物、物体、遗像下跪、磕头。

回族人家门楣上都贴有"杜阿宜"——上用阿拉伯文书写祈求吉利幸福的语言,这也是回族人家的标志。

春节,回族家庭是不贴对联和福字,只贴"杜阿宜"。回族人喜欢绿、蓝、白颜色,所以贴"杜阿宜"都是用这些颜色的。大年三十,回族人家夜间不吃饺子,不守夜,不放鞭炮。回族人历来崇尚清洁,讲究卫生,遵守教规。做好个人和环境卫生,成为回族人的自觉行为。

回族人沐浴叫"大小净"。大净,即用清洁无染的净水,洗涤全身。小净,只洗部分肢体。洗涤时须用专用工具。因此,回族人家都设有大净用的吊罐,小净用的汤瓶,或用水龙头冲洗。水不能重复使用。成年人每个"主麻"(七天)大净一次,每天五番礼拜,拜前都要洗小净,还要保持"齐髭剪甲",即修整胡须指甲。同时对内外的环境卫生十分重视,特别是在制作饮食时,洗手用汤瓶冲洗,非常讲究服饰和食品卫生。

回族人忌喝酒,是伊斯兰教律的规定,因为《古兰经》把饮酒与赌博、拜偶像、求签问卜并列为四大"秽行",要人们对其远离。因此,忌酒已成为回族人的一种民族习惯,代代相传。回族也不吸烟。

回族人的起名和婚丧习俗

起 名

起"经名"即"回回名"。小孩生下来三天后,即请阿訇给起个"经名"。男孩多叫"伊卜拉欣""阿里"

等，女孩多叫"法图麦""麦尔彦"等。这些"经名"多取于历史上圣贤之名，待孩子长大，家长会把"经名"的来历告诉孩子，使孩子有学习的榜样，要让自己的一言一行都符合道德规范，不辱其名。

婚　姻

喀喇沁旗回族青年男女在结婚前，男方首先要派介绍人到女方家送"食盒"。"食盒"分大小，大小只不过在数量上作区分。每种"食盒"必须要由四样物品组成，一般是以牛羊肉、鱼、油、面粉（米类）、糕点、茶叶等食品为主。送"食盒"的目的叫"催妆礼"。同时，向女方提出结婚的具体时间，女方同意后，才能按时迎亲。

结婚的前一天，男女双方家里都要过"乜贴"，做"知感"，做油香，做"九大碗"，请阿訇诵经，设经堂席，宴请亲朋。目的一是男女成婚了，感谢真主的恩典；二是给亲朋和邻居打"油香份"，并在"油香份"上放上红纸，以示我家的孩

回族婚礼

子结婚了，共沾喜气。

结婚这天，新郎不到新娘家里去，只派年长女亲属（称"娶女客"），带两名男童压车，把新娘接来。在娶亲车到后，女方家要设宴招待，一般是先上点心喝茶，再上油香、九大碗。新娘在出嫁的头一天，要做大净，沐浴净身，然后换上一身鲜艳的新装，并请亲朋陪送到新郎家，但还有"姑不娶，姨不送，姥娘家门上的人全不用"的习俗。

新娘的车辆到达门口时，新郎要迎到门外，躬身施礼，并向陪嫁客人问安。新郎新娘在前，引导男女宾客步入婚庆客厅。这时男方家长恭候在客厅前，双方互相道"赛俩目"，道"穆巴拉克"恭喜问安。来宾就位后，就举行写"伊札布"（结婚公证之意）仪式。

结婚的人领到结婚证后，婚姻就得到国家法律的承认和保护。写"伊札布"是本民族的"结婚公证"仪式。请阿訇的目的，除书写"伊札布"外，并请其做证婚人和主持婚礼。

然后朗诵贺婚词，边念边撒糖及枣、栗子、花生等干果，叫"撒喜"，以示祝贺。同时，阿訇还告诫新郎新娘要互敬互爱，白头偕老，孝敬父母，养育好子女，做一个操守好、品德高尚的穆斯林。

回族在婚姻上，一般实行民族内婚，即联姻必须在本民族内进行。如果与其他民族通婚，对方必须改信伊斯兰教，即"随回回"。从喀喇沁旗地区已经通婚的情况来看，凡婚后能遵守回族人的风俗习惯的，家庭生活都比较和睦幸福，双方的老人也能够友好往来，和睦相处。

丧 葬

回族的丧葬仪式保持着伊斯兰教崇尚简朴快捷的特点。回族人死亡后，要求是土葬，薄葬。

土葬就是把亡人直接放在坟坑下面的"拉哈"（在坟坑底侧挖的洞穴）里，叫做"入土为安"，不用棺木，不放任何殉葬品，更不准用金属等非土质物资垫在亡人身下。速葬就是亡人下葬不得超过三天，夏季为一到两天，回族人俗称叫做"亡人奔土如奔金"。薄葬即埋葬平等和从简，不论死者贫富贵贱，埋葬都一律平等。同时，还强调孝子和亲朋送葬时，不穿白戴孝，只需每人一顶白帽即可。按教法和殡葬礼仪要求，为亡人必办的只有四项工作：洗，穿，站，埋。

洗：洗亡人，用清净水把"埋台"（尸体）冲洗干净（也叫"动水"），洗"埋体"叫"打整人"，洗者为三人，都有分工，洗法如同洗大净。

穿：给亡人穿"可番"（裹尸体用的白布）。洗净"埋台"，擦干水，穿"可番"。男人三件，女人五件。男三件是"大卧单""小卧单""皮拉罕"；女五件除上三件外，还有一块包头巾和一块裹胸布。男女"可番"均用白布，意为清白一身而来，清白一身而去。

站：即将穿好"可番"的"埋台"放入埋台匣（公用的）内，放置院内，头北面西（即面向天房"克尔白"），举行"站礼"履行的仪式，参加者必须经过大小净，由阿訇领站，赞颂安拉，做祈祷，不叩头，不鞠躬，不跪坐。

埋：将"埋台"抬到墓地，再移入事先挖好的坟坑，墓穴是南北方向的长方形坑，长两米有余，东西宽约1.5米，墓深视土质而定，喀喇沁地区墓深2米左右，"拉哈"长以亡人的身长为度，高以人能跪起为准，总的要求要宽大，将"埋台"放入坟坑内时，"埋台"头部先入，放置好后，使"埋台"面向西，然后封闭"拉哈"口，并以土掩埋，坟坑填满后，坟堆呈长方形，头高脚低。

在丧葬期间，禁止鼓乐，忌送花圈、烧纸。

除以上丧葬仪式外，亲属为悼念亡人，"埋台"葬后的当年，逢七日、四十日、百日、周年都要举行纪念活动。

喀喇沁旗朝鲜族风俗
婚 俗

朝鲜族的婚姻为一夫一妻制。按照传统习惯，近亲、同宗、同姓不婚。"男主外，女主内"是普遍习俗。

朝鲜族婚俗从说媒到结婚要经过六次礼节，即"纳采""问名""纳吉""纳币""请期"和"迎请"。姑娘和小伙的接触传话，需要一个"媒人"。

首先是"看善"。

男方家要让媒人到女方家"看善"。"看善"与汉族的"相亲"相似，如满意，小伙正式向姑娘求婚，女方若也同意，男方家就往女方家送"四柱"。

朝鲜族服饰

其次是送"四柱"。

送"四柱"就是在一张纸上，写好求婚男青年姓名和星辰宿象以

朝鲜族服饰

朝鲜族结婚

及出生的年月日时，女方家长再拿姑娘的"四柱"与之对"穹合"。

再次，"穹合"。

所谓"穹合"，就是指男女的属相是相顺还是相克。如二人生肖相合，女方就经媒人通知男方家，说两个人的"穹合"相对。

第四"择日"。

男方可"择日"确定举行婚礼的日期并送彩礼到女方家，一般要有"青缎""红缎"等。

"纳采"礼是新郎家向新娘家提亲时送的礼物。"问名"礼是为占卜新娘将来的运气好坏而打听其母姓名的礼仪。"纳吉"礼是新郎家向新娘家通知吉日。

"纳币"礼是新郎家给新娘家送的青缎、红缎等彩礼。"请期"礼是新郎家把选定的婚期以书面形式送到新娘家征求意见，新娘家则根据姑娘的具体情况回复。"迎亲"礼是新郎迎接新娘，也是最为隆重的礼节。

新郎在新娘家住三日后，便独自回家，随后新娘等待选定的吉日再被迎接到新郎家。第二天新娘同丈夫家的人相认、施礼。朝鲜族结婚后一般都不离婚，他们在婚礼中举行献木雁的仪式，象征夫妻白头到老的愿望。

丧　葬

朝鲜族多实行土葬，散居在城镇的也实行火葬。在朝鲜族社会，父子关系是一切人伦关系的基础。

讲求父慈子孝，长子赡养父母。社会上老人受到尊重。朝鲜族老人死后，亲人三天内不准洗脸、理发，也不准吃干饭，而且必须穿孝。举行埋葬一定要在单日。三天后埋葬。埋葬前要请风水先生选墓地，埋葬后，坟前置供品，叩首。以后要连续祀三天，饭前上供：第一天上供祭祀叫"初云"，第二天叫"拜云"，第三天带供品到坟地叫"三云"。以后每逢死者的生日、死日、清明、端午、中秋节等都要祭祀。

食 俗

朝鲜族的传统风味食品很多，其中最有名的是打糕、冷面、泡菜。打糕是用蒸熟的糯米打成团、切块、撒上豆面并加稀蜜、白糖制成。冷面是在荞麦面中加淀粉、水，和匀成面条，煮熟后用凉水冷却，加香油、辣椒、泡菜、酱牛肉和牛肉汤等制成，吃起来清凉爽口，味道鲜美。泡菜是将大白菜浸泡几天，漂净，用辣椒等佐料拌好，放进大缸密封好。腌制时间越长，味道越可口。

耳明酒

喝"耳明酒"是朝鲜族的风俗。正月十五早晨，空腹喝耳明酒，以祝耳聪，此酒并非特制，凡是在正月十五早晨喝的酒，都叫"耳明酒"。

狗肉酱汤

朝鲜族在三伏天有宰狗吃狗肉汤的习俗。这种酱汤别有风味，在三伏天吃狗肉酱汤可大补。朝鲜族大多数人爱吃狗肉。然而在节日，或办红白喜事时是绝对不准吃狗肉的。

五谷饭

每逢正月十五，人们用江米、大黄米、小米、高粱米、小豆做成五谷饭吃。还拿一些放到牛槽中，看牛先吃哪一种，便表示哪种粮食这一年能获丰收。这种风俗，至今还在民间流传。

米 酒

米酒是朝鲜族爱喝的一种饮料，也是他们招待客人的佳品。

辣白菜

每年大白菜下来后，他们就开始制作辣白菜了。辣白菜清香爽口，

朝鲜辣白菜

有解腻解酒、助消化、增食欲之功效。

朝鲜族喜欢吃米饭，擅做米饭，用水、用火都十分讲究。

朝鲜族日常菜看常见的有"八珍菜""酱木儿"（大酱菜汤）等。

风味特产

HUASHUONEIMENGGUkalaqinqi

风 味 特 产
FENGWEITECHAN

"烤猪"曾摆清御宴，"刺梨""筒葱"康熙赞。"吊炉烧饼"食客广，"五香熏鸡"驰名远。"蕨菜"远销海内外，"蘑菇"盛产味道鲜。山珍野味纯天然，风味食品美名传。

土特产品

喀喇沁旗地貌复杂多样，有中低山地、丘陵漫岗和河谷平原3种类型，海拔高度在500～1890.9米之间。属中温带大陆性季风气候，四季较分明，无霜期110～150天，年日照2913.3小时，昼夜温差大，西南部多林区，为动植物和农作物的生长和品质，提供了良好条件。

野生植物丰富。全旗境内已发现维管植物95科371属803种；裸子植物3科5属5种；被子植物83科353属777种。山珍野味有蕨菜、黄花、蘑菇、山杏仁、松子、榛子、沙棘果等等。药用植物有麻黄、甘草、黄芪、柴胡、黄芩、赤芍、百合、苍术、远志等517种。

旗内野生动物很多，以狐和黄

喀喇沁风光

草原风光 高志军／摄

鼬等分布较广。历史上曾有过虎、豹、熊、狼等猛兽。食草类动物有鹿、狍、兔等，以狍、兔分布较广。鸟类以雉鸡为常见，还有石鸡、斑翅山鹑等。鸣禽中以百灵科的蒙古百灵较为典型。

蘑 菇

喀喇沁旗盛产蘑菇，其品种达七十余种，其中以肉蘑、松蘑、榛蘑、小灰蘑为多。采摘期自农历四月至九月末，长达半年以上，是当地群众一项主要的副业收入，也是喀喇沁人看望城市亲朋好友常带的特色礼品。采摘时节，驾车过往喀喇沁，随便哪一条路线，都可以看到成群结伙卖鲜蘑菇的小贩。想买，就会让你满意而归。

其中佼佼者应数肉蘑。肉蘑营养丰富，味道爽口，内含大量的蛋白质、纤维、脂肪、维生素和磷钙铁等成分，有预防肝硬化、降低胆

固醇等药用功能。有紫红色、粉红色等，生长在黑松林内。立秋之后，直至上冻之前为采摘期，未张开伞的叫蘑菇丁，味道更佳。

山　杏

喀喇沁旗山杏树遍布于山坡沟壑之间，晚春时节，漫山遍野的杏花竞相绽放，远远望去，粉白色的烟雾笼罩着群山，形成一道独特的山区风景。

秋初，成熟的杏子缀满枝头。村民们进山采摘，车拉人扛，满载而归。杏核出售之后又是一笔不菲的收入。深秋，杏树经霜之后，叶子赤红，与枫叶相映成趣，使山林变得瑰丽壮观。

杏仁有止咳平喘、润肠通便之功效，可治疗肺病、咳嗽等疾病。杏仁中胡萝卜素的含量在果品中仅次于芒果，人们将杏仁称为"抗癌

满山的杏花

之果"。杏仁含有丰富的脂肪油，有降低胆固醇的作用。此外还有减肥、美容作用。

杏仁粥，是喀喇沁地区的一道美餐，也俗称"杏核子粥"。杏仁粥的制作食材和做法：将去皮甜杏仁10克研成泥状加入到淘洗干净的50克粳米中，加入适量水煮沸，再以慢火煮烂即可。

甜高粱

甜高粱源于非洲，魏晋时期经印度传至国内，作为饲用及糖料作物被长期栽种，有"北方甘蔗"之称。甜高粱的用途十分广泛，它不仅产粮食，也产糖、糖浆，还可以做酒、酒精和味精，纤维还可以造纸，浑身是宝。

旧时喀喇沁旗百姓生活维艰，一年四季很少吃到糖类。当地百姓就在田间地头、房侧屋角种植这种特殊的高粱。甜高粱含糖较高，与甘蔗相似，较普通高粱稍矮，但比

普通高粱秸秆粗壮。春种秋收，将其破碎后榨汁，熬成糊状，吃黏食时蘸着吃。甜高粱较甜菜更受欢迎，因其未成熟时即可食用，儿童呼之为"甜棒"，大人亦往往以此哄诱孩子。时因工艺所限，不能制成晶体。现在一些地区还有种植。

百 合

百合品种很多，俗称百合蒜、大师傅蒜、夜合花等，素有"云裳仙子"之称。喀喇沁旗凡山区皆有此花。

百合

中医学认为，百合味甘微苦，性平，入心、肺经，有润肺止咳、清心安神之功效。目前中医常用百合组方治疗口腔溃疡，白塞氏综合征、慢性咽喉炎、萎缩性胃炎、肺结核等，辨症得当，确有良效。另外还有良好的营养滋补之功，特别是对病后体弱、神经衰弱等症大有裨益。

蕨 菜

蕨菜，为水龙骨科多年生草本

甜高粱

蕨菜

植物，在喀喇沁旗高山密林处多有分布。

　　蕨菜味道鲜美，营养丰富，嫩时采下，可炒着吃或做饺子馅用，又可晒成干菜，亦可趁鲜用盐腌好保鲜，吃时用清水洗去盐渍，即鲜嫩如初。蕨菜除食用外，还可入药，有利水解热功能。根可做滋补药，全株可提取胶，叶可提取纤维。蕨菜采摘期为农历四、五月份。喀喇沁旗蕨菜除供应当地外，还远销国外，在国际市场上亦享有盛名。

猴　腿

　　猴腿亦属于蕨类植物，生长在深山密林之间，色呈紫红，叶似芍药，

猴腿

味道较蕨类还要鲜美，产量远逊于蕨菜，采摘期较蕨菜早一个多月。

野鸡膀子

　　野鸡膀子亦属蕨类植物，是喀

野鸡膀子

喇沁旗山区著名的野菜，亦生长在深山老林之间，两叶对生，高约尺余，呈锯齿状，既可趁鲜食用，又可晒做干菜。味道较蕨菜还要甘美。采摘期亦在四、五月份。

苦里芽

　　苦里芽，每年四月份采摘。生长在深山密林中间，叶子和蕨菜差不了许多，用开水焯了之后可做凉

苦里芽

菜，和小米稀饭配起来吃，滋味特别爽口，吃口苦里芽，鲜嫩中略带苦涩，喝一口小米稀饭，苦又变成了甜，奇妙之极。苦里芽还有清心败火、开胃的药用功能。

金针与黄花

　　金针与黄花，学名为萱草，为百合科多年生草本植物，种类很多，

黄花

正在生长的榛子

毛榛

是喀喇沁旗山区分布最广的一种花卉。开花之季，满山翠绿夹杂着片片金黄，令人心旷神怡。萱草碧叶狭长，花基刚健，基端生长金黄色花。诗人白居易曾写过："杜康能散闷，萱草解忘忧。"萱草的美丽，颇能令人触景忘情，抛却忧愁，因而有"忘忧草"的美称。

萱草含苞待放的花蕾叫金针，开放的叫黄花菜。金针和黄花菜是北方的名贵干菜，既是观赏植物又是经济植物。

萱草根，中药名叫漏芦果、地人参、鹿葱、盖男草；黄花菜有利水、凉血功能，治水肿、小便不利等症；各种萱草根均可入药，但有毒性。

榛　子

清人陈元甫在其《东蒙古记程》里记载：毛金（荆）坝前后，多产榛树，土人伐之，以供柴薪，其子可食，如栗子。榛子属乔木科，二年生即可结实。多生长在野外山坡。果实炒熟后，是难得的山珍美味。喀喇沁旗各大山区，皆有分布。榛

子分为两类：无毛刺者为平榛，有毛刺者为毛榛，毛榛较平榛略小，味道较平榛更佳。其秸秆除用以烧柴外亦是编制芭排的最好原材料。

欧　李

欧李多产于野外的山坡地梗，喜阳光，草本，生长状态为密集型，秋季果熟，熟果颜色为紫红色，大的和小孩玩的玻璃球相似。味道酸甜爽口，和李子口感相似。

托　盘

托盘属蔷薇科，多生长于林地空隙具有阳光而又通风的地方。秋

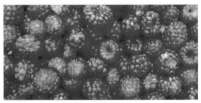

托盘

季果熟，果实呈粉红色，一个果蒂像一个小盘，里面拥挤生长着一颗颗果实，托盘之名大概由此而来。托盘大的如五分硬币，小的如一分硬币大小，里面有着十几颗乃至二十几颗小果，果浆浓厚，甜中略带酸味，其果实入嘴，满口香，可做饮料。托盘分树托盘、地托盘两种。

刺梨和筒葱

刺梨和筒葱之所以成为贡品，源于康熙三十七年（1698年）。康熙平定噶尔丹叛乱后，回盛京（沈阳）告祭。途径喀喇沁右旗驻跸其女儿和硕端静公主府内。扎什郡王及其儿子噶勒藏设盛宴招待皇上。席间康熙对筒葱炒肉赞不绝口，询问此葱生长情况，扎什王爷一一作答。宴后扎什王爷又献上刺梨。随从大臣、侍卫甚感诧异，京城什么样的梨没有，这王爷怎么拿出这样个又小又有刺的梨敬献皇上？康熙亦感惊奇。扎什王爷见众人大惑不解，遂从容言道："这刺梨乃我喀喇沁特产，生于深山，得天地精华，别看它小而有刺，但它味道独特，别具清香，生津解渴，消食化气，有强身健体之功效。"康熙及众人食之，果然异于常梨，龙颜大悦，当即把

刺梨

简葱和刺梨列为贡品，并赏赐扎什父子金银等物。

特色饮食

黏豆包

黏豆包一般是在冬季开始的时候制作，然后放入户外的缸中保存过冬。一切工艺源自于天然，属传统天然食品的典范。黏豆包不但营养均衡，更包涵了古老的文化传承，是粗粮细作之先河。

豆包是喀喇沁一带人们喜欢吃的一种食品。根据原料的不同，分为黏豆包和笨豆包两种。用黄米和芸豆或红小豆制成的叫黏豆包；用糜子或小米等加进芸豆或小豆制成的叫笨豆包。

每年春节来临，一进腊月，家家户户都忙着淘米轧面，把一个正月吃的都要准备好。这时大都做黏豆包，而蒙古族人家还做一些糜子面的笨豆包。因为糜子面豆包制作技术比较高，所以一般不做。

喀喇沁蒙古族人吃豆包，学自汉人，但是做法不同。蒙古族人做豆包不管黏的还是笨的，都炒面后再发酵，这样做出来的豆包酸甜适度。而汉族人一般不炒。另外汉族人喜欢馅大皮薄，把豆馅煮好以后还要捣碎；蒙古族人则喜欢整粒的豆馅，皮也比较厚。

正月十五以前，蒙古族人还有互相馈赠礼品的习惯。礼品以豆包为主，少则10个，多则20个，里面再附上一纸包"博勒格"（"博勒格"即吉祥的意思），纸包里一般都放进一些自家炸的套环和枣、栗子。个别人家还放进一块去骨的熟猪肋条肉。纸包总共约1斤重，包外还要贴一块红纸。据说，是专门送给出嫁姑娘的，为的是做媳妇后，让她吃到娘家过年的食品，使她就像在娘家过年一样，感到欣慰，同时也表示娘家人没有忘掉她。后来在亲朋之间也送这种礼品。

烧 饼

清代和民国年间，外出到喀喇沁公爷府的人都要买些烧饼带回去给家人品尝。公爷府的人也常把烧饼用毛头纸包好，10个一包，当成贵重礼品赠送亲朋好友。因此，公爷府的烧饼很有名气。过去敖汉王爷还派专人来买烧饼。

公爷府烧饼有芝麻烧饼、糖发面、油酥烧饼、糖牙子烧饼等。最

黏豆包

吊炉烧饼　中国君／摄

出名的还是芝麻烧饼，吃起来外焦里嫩。

制作烧饼的原料有：面粉、芝麻、盐、碱、豆油（香油）、芝麻酱、五香面等。

制作的工具有：吊炉（吊炉有盖、底、炉算子）、走锤、水刷、箩、面板、炉台等。

首先把面粉用盐、碱水和好，然后揉好，分开了再揉。然后擀开，把酥擦好，卷起来，下好剂子，把剂子擀开，用刷子把清水刷在擀好的剂子上。再用箩把炒熟的芝麻均匀地撒开，用刷好的剂子往上蘸，蘸好放在吊炉里。吊炉里火要烧旺，上面烧着，下面烤着，火要急，烧饼胀得好，颜色才好看，吃起来也外脆里软。

喀喇沁烤猪

烤猪原是喀喇沁王爷专为祭祀而烤制的食品。

每年正月、五月初五、八月十五，王府里举行烤猪大典。供奉家庙及祖宗时，都烤制整猪整羊进行供奉。供奉完毕分割成许多块，上至王爷，下至参领等，每人分得一块，叫做"吃供"。每年腊月，王爷进京值班前，王府厨房或"大

烤猪

伙房"都要制烤猪、烤羊、烤鸡、烤鸭、烤鹅等熟食品，以备王爷进京时孝敬皇上，馈赠在京亲友。

烤猪的具体做法是：将五六千克重的幼猪宰杀，褪毛，去内脏；在猪膛里放进盐、大料、花椒、桂皮、葱、蒜等调料，然后缝上，穿上木杠，架在有炭火的火池子上，慢慢熏烤，直至熟透。烤猪的特点是耐保存，长途运输不易变质。口感外焦里嫩，味道香而不腻，是宫廷贵族喜食之物。

熏　鸡

熏鸡是公爷府传统食品，历史悠久。公爷府熏鸡味道鲜美，颜色漂亮，曾在内蒙古自治区食品评比中，荣获第一名。

20世纪50年代以前，公爷府卖熏鸡的多在夜间挎篮叫卖，篮子为椭圆形、盒式，提梁是用竹子做的，颜色紫红。卖者肩背着篮子，手里

白家熏鸡

白家熏鸡店铺门脸

提着灯，走街串巷高喊："五香唉！熏鸡唉！"熏鸡也是馈赠亲朋好友的佳品。现在锦山卖熏鸡的不下十几家。

熏鸡的制作方法是：宰鸡、褪毛，把大毛拔干净，再用酒火燎绒毛。毛除尽，再开膛，把内脏清除，把腔收拾干净，再冲洗几次，然后把鸡盘起来，鸡头夹在翅膀下面，鸡腿盘在肚子底下。水烧开，把盘好的鸡放进去，同时把各种调料（盐、花椒、大料、葱、姜、蒜、肉桂、豆豉、酱油）放齐。在煮鸡的过程中，要来回翻腾。煮熟了，捞出来控干后再熏。

把鸡架于锅上，锅烧热，先用柏木面熏一下，几分钟即可。柏木面熏完之后，用红糖熏。熏鸡时，要急火，熏出的鸡才颜色鲜艳。熏好之后，再把香油或熟豆油刷在熏好的鸡上，既美观又有香气，还不易风干。

蒙古凉粉

凉粉原属清宫中小吃。康熙年间，和硕端静公主下嫁喀喇沁王后，常与当地的蒙古上层人家一同食用，以此作为夏季消暑冷食。后传入民间，多为当地蒙古族人食用，并以此为高雅事，故又称为"蒙古凉粉"。

蒙古凉粉以荞麦为原料，将荞麦碾轧成荞麦糁子后，再碾轧成面，然后用粗箩过匀。用清水调成糊状，放在锅里煮。待稠时舀出摊于盖帘、案板上冷却。吃时使用一种斜下穿孔薄铁片一层层往下刮，成一根根条状物，呈半透明状，浇酱油、醋和芫荽、麻酱（后多用烟籽酱）及葱丝、芥末等佐料，并来一两滴香油即可食用。蒙古凉粉清香扑鼻，色泽鲜艳，凉爽可口，且有荞面香，一看即令人垂涎，为夏季消暑之佳品。

普通风味

将荞面和好，搓成长棒状面团，放入饸饹床中压入开水锅内，煮熟加汤食用。

圪圪豆

喀喇沁人喜爱的一种美食，起源于汉族移民，其做法是以小米面

圪圪豆

或玉米面为主，掺以白面、荞面或莜面，和成面团，用擦床子或饸饹床子压入滚水锅里，捞出用凉水浸过，盛出浇以卤子，当地称之为"过水圪圪豆"；另一种做法是，直接把面压到翻开的卤子里，叫"热汤圪圪豆"；还有种做法是，先把小米等用清水浸泡5～7天，捞出晾干，碾成面粉，再做成圪圪豆，较前两种做法，此做法更受欢迎，当地人称之为"糟米圪圪豆"。"圪圪豆"味醇利口，滑而不腻，老少咸宜。

年 糕

又称切糕。将黄米面加水拌匀，在铺好煮熟的芸豆锅箅子上边撒边

年糕

蒸，面尽盖锅，旺火蒸半小时后食用。年糕韧性强，色黄味香。为旧时农村强体力劳动或待客主食。

散 状

将碾细的小米、黄米面按比例

散状

掺匀，拌少量水，在锅箅子上边过箩边蒸，熟后切块食用。

年糕饼子

黄米面和好发酵，以手拍成薄饼，加植物油烙熟食用。如包上豆馅则称豆馅年糕饼子。

布 拉

将玉米加工成面，拌入榆钱、甜菜丝或者其他菜类，加入少许食盐，蒸熟食用。拌榆钱的叫"榆钱布拉"，拌甜菜丝的叫"甜疙瘩布拉"。

面鱼子

将莜面和好，搓成细条状，切成段，然后在细高粱秸编成的盖帘上用刀一按一拨滚入锅内，煮熟加卤子食用。

猫耳朵

将莜面和好，擀成面片，切成菱形，然后用大拇指和食指相碾成薄片掷入锅内煮熟食用。

猫耳朵

煎 饼

小米或玉米洗净，加水磨成稀糊发酵，用勺舀在鏊子上煎熟。味道酸甜，如再卷以葱酱或炒鸡蛋则味更香。

煎饼合子

将韭菜馅和好，将煎饼放入锅内，将馅放在煎饼上，再将煎饼折起将馅包住，烙熟即食，别具风味。

煎饼合子

当代风姿

DANGDAIFENGZI

工业农业蓬勃发展，林业牧业谱写新篇。教育科技蒸蒸日上，城乡建设风光无限。文化艺术硕果累累，医疗卫生日趋完善。交通旅游欣欣向荣，百业昌盛广阔云天。

现代农业蓬勃发展

喀喇沁旗位于内蒙古东部，地处燕山山脉中段，七老图山东麓，地貌特征总括为"七山一水二分田"。全旗总面积3050平方公里，其中耕地面积75万亩，水浇地26万亩，人均0.8亩。全旗下辖11个乡镇、街道办事处，161个行政村，总人口34.9万，其中农业人口30.5万。

喀喇沁旗地处北温带大陆性气候区，四季较分明，气候温凉；光照资源丰富，年日照时数2700～2900小时，年平均气温4.2～6.8摄氏度，无霜期95～145天，降雨量340～580毫米，属于典型的农业旗。大气质量、农田环境、

绿色的农田

灌溉水质均符合无公害基地标准，适合生产优质农产品。

喀喇沁旗农业开发较早，出土文物中有很多石器是农耕用品。春秋战国时期，"戎菽"（大豆）、冬葱（羊角葱）就已在喀喇沁一带出现。唐代，居住在阴凉河（锡伯河）川的奚族"颇知耕种"。辽金时期，出土的铁制农具与当今的传统农具相仿。金、元时期，今喀喇沁旗相邻地区有劝农事的官吏。明代兀良哈三卫"使者易农具（从关内）归"。

金色的旋律

喀喇沁旗大规模农耕始于清代雍、乾时期，经历了招垦、禁垦、励垦3个时期，之后喀喇沁地区逐步形成农业区。

中华人民共和国成立后，全旗逐步与传统农业告别，不断向现代化农业迈进。农业投入的不断增加，生产工具的更新换代，耕作制度的良性改革，农业科技的推广应用，使农业生产有了很大发展。粮食产量不断翻番，全旗人民温饱问题逐步得到解决。

发展高效特色农业
创新产品经营模式

设施农业是改变靠天吃饭生产方式的重大变革，是突破自然条件限制、增加农民收入的超常规的重要举措，是有效调整农村产业结构新的支撑点和切入点，是广大农民大有作为的生产领域。近年来，喀

青椒品种

喇沁旗立足于东北经济区与华北经济区结合部的区位和资源优势，以"京津冀一体化"为契机，大力发展花卉、中药材、山葡萄和硬果番茄等现代特色农业，走基地规模化、生产标准化、产品优质化、管理园区化、服务一体化、经济产业化发展之路，努力实现设施农业的跨越发展，致力解决农民致富问题。

高标准推进 做大放心"菜园"

截至目前，全旗蔬菜播种面积达到 11.93 万余亩，蔬菜总产量 61.03 万吨，总产值 11.75 亿元。露地蔬菜播种面积 4.78 万亩，产量 18.45 万吨，产值 1.89 亿元。蔬菜带动全旗农业人口人均纯收入 2860 元。20 多项蔬菜品种通过了"三品一标"国家认证，其中番茄和椒类是喀喇沁旗蔬菜产业标志性产品。8 万余亩无公害蔬菜基地被认定为北京市"场地挂钩"生产基地。蔬菜产品已远销山东、河北、辽宁、北京等地，还有一些出口到韩国、日本。小番茄闯出了大市场，也挑起了农民致富的"大梁"。在番茄产业的强力推动下，喀喇沁旗农民人均收入比 2010 年翻了一番。

内蒙古地拓农业科技有限公司的入驻，为农民搭建了致富的平台。目前全旗已有 15 个专业种植合作社，3800 多农户。部分村民利用农闲时间到购销站从事包柿子、装柿子箱等零活，月收入可达 4000 余元。

王爷府镇硬果蕃茄交易场面

喀喇沁番茄节

王爷府镇、美林镇承办的"2015内蒙古·喀喇沁番茄节""2016中国·喀喇沁番茄节"获得成功，使喀喇沁旗的番茄和蔬菜声名远扬。

王爷府镇上瓦房村、大西沟门村、喇嘛地村硬果番茄种植基地被农业部列为农业标准化整体推进示范项目的核心示范区。项目区实行"六统一管理"（统一品种、统一购药、统一标准、统一检测、统一标识、统一销售），项目区硬果番茄平均亩产达9000公斤，产品质量全部符合无公害农产品要求。

乃林镇甘苏庙村塑料大棚青椒种植区被农业部列为蔬菜标准园创建基地，创建面积312亩，产品年产量2450吨，项目建设直接带动农户186户600余人，社会效益显著。

王爷府设施大棚

王爷府镇喇嘛地村硬果番茄基地

蔬菜项目区

　　现有市级蔬菜标准园区1处，旗级蔬菜标准园区10处，集中连片200亩以上的规模化农业小区26个，面积7.3万亩。基本实现了蔬菜标准园区建设全覆盖。

　　蔬菜产业已经成为喀喇沁旗经济作物的主导产业之一，也是喀旗调整农业产业结构，增加农民收入重要途径之一。

高效益运作 做优民心"果园"

　　近年来，喀喇沁旗大力发展立体林果经济，林下种养殖中药材、

林果丰收

山葡萄采摘

增收 4000 元。全旗目前有优良山葡萄 13000 多亩，产量稳定在 8000 吨以上。蒙野山葡萄酒厂生产线带动了全旗山葡萄产业的快速发展。378 户种植户组成了"喀旗蒙弘山葡萄合作社"，其中 140 户又入股赤峰金马鞍酒业，形成了产、加、销一体化。"马鞍山葡萄基地"成为"中国北方山葡萄基地"，2007 年，通过了国家山葡萄农业标准化示范区建设验收。

高起点谋划 做强安心"药园"

喀喇沁旗牛家营子镇是全国重要的中药材种植区，种植历史可追溯到清康熙年间。主要种植北沙参、桔梗、党参、黄芪、牛夕、板蓝根等 20 多个品种，是"中国五大绿

柴鸡、林蛙等，年均收入达 900 余万元。设施农业反季节水果香瓜、草莓等种植面积 500 亩，每亩年均纯收入 1.8 万元以上；苹果、梨等高效经济林总面积 8.85 万亩，年均产各类地产果品 3.5 万吨，助农人均

牛营子药材基地

牛营子药材基地

色中药材基地"之一。北沙参全国总产量 8000 吨，牛家营子镇就占了 7000 吨。全镇 12.5 万亩耕地，种植中草药就达 6.5 万亩，被国家特产命名委员会命名为"中国北沙参、桔梗之乡"。

依托牛家营子镇的辐射带动，全旗中蒙药材年平均种植面积稳定在 8.5 万亩以上，规划建设了总投资 16 亿元的中蒙药健康产业园，包括中蒙药健康城、中蒙药高科技产业园和中蒙药博览园。

高水平打造 做精开心"公园"

喀旗是全区首家全国休闲农业与乡村旅游示范旗县。几年来，先后启动了高营子林果采摘园、上瓦房蔬菜基地等一批休闲农业示范园建设，实施了雷营子村等 7 个行政村首批整村推进休闲农业与乡村旅游业发展，马鞍山葡萄酒庄园成为全国休闲农业与乡村旅游示范点。依托"一带""四环",即赤茅百公里文化产业带和环城市、环景区、环河流、环交通,打造了"马鞍山休闲度假之旅"等路线,建设了"以带串园、以园穿线"串珠式休闲农业产业体系。

喀喇沁旗按照发展工业的理念推动农业生产的发展,走精品化、规模化、产业化、科技化发展路子,使设施农业效益逐年增高。设施农业的快速有序发展,实现了经济效益、社会效益、生态效益多赢。

加快科技兴农步伐
提升农业产品质量

喀喇沁旗设施农业生物技术、工程技术和计算机等高科技在各地得到了广泛应用,已经初步形成了旗、乡、村三级科技服务网络。旗级以农牧业局为技术依托,乡镇及以农科站为主体,村级以科技示范户为基础,附之以外聘农业技术员为骨干,全方位为设施农业服务,助推了设施农业的快速健康发展。

喀喇沁旗通过室内培训、田间学校、实地指导、现场观摩、外地参观、热线咨询等方式,坚持开展新品种、新技术、新材料引进示范及推广工作,成功地将赤峰市设施农业253技术,即"优型棚室结构、优良品种;茬口高效化、育苗集约化、栽培标准化、水肥一体化、棚室管理机械化;棚室环境调控、病虫害绿色防控、抗土壤连作障碍调控"集成技术运用到生产中去,使蔬菜产量和效益逐年增加。设施硬

自治区财政支持农牧业科技示范推广项目设施蔬菜关键技术培训

果番茄、青椒品种引进及其技术集成与推广，催生了当地设施蔬菜两大主导产业的确立。蔬菜集约化育苗，解决了设施高效栽培技术瓶颈。机建厚墙体日光温室建造及配套技术，成为当地主推模式。"十一五"以来，农业部蔬菜标准园创建项目、自治区财政支持农牧业科技推广项目、赤峰市农业开发科技推广项目及设施蔬菜新品种引进推广项目等，不断落户喀喇沁，为全旗设施产品实现安全优质高效，起到了示范带动作用。

喀喇沁旗积极与中国农科院蔬菜花卉研究所、内蒙古农科院蔬菜所、沈阳农业大学等科研院所合作，显著提升了农技队伍的综合服务能力与水平，培育了一大批行业技术和学科带头人，使他们成为"国家农业技术推广贡献奖""内蒙古自治区政府深入生产一线做出突出贡献的科技人员"等多项殊荣的获得者。

喀喇沁旗农业科技园区作为全旗"三新引进示范"的核心基地，已经成为以蔬菜为重点的新品种、新技术、新材料的辐射源，先后引进蔬菜、中药材、花卉等高效经济作物新品种2000多个；引进施肥技术、嫁接栽培技术、节水灌溉技术、病虫害绿色防控等技术127项。其中著名的先正达蔬菜种子公司番茄、彩椒试验品种有30多个；西班牙瑞克斯旺等公司番茄品种有75个。经

中国农科院尚庆茂博士及专家指导育苗

集约化育苗

过引进筛选，印第安、倍盈、宏冠136、瑞菲、思贝德等优良番茄品种，红英达、黄贵人、奥黛丽等优良甜椒品种均在生产中进行了推广应用，实现了不让农民走弯路的目标，为全旗农村经济快速健康发展做出了突出贡献。

多年来，喀喇沁旗采取系列措施，致力抓好"三保"（水源保清、耕地保洁、环境保净）工程，把牢农产品质量安全的命脉根基。依托自治区农畜产品质量安全追溯平台，死守全面监管的滩头阵地，坚

持农产品生产、储运、市场全覆盖、全天候、全链条、全过程一条龙检验检测，实现农产品到餐桌的适时监控、随机查询，逐步提高了全程监管的档次和水平，全旗农民生产方式和农产品质量发生了巨大转变。农民组织化与农产品质量安全形成

实地技术指导

鱼塘

了良性互动、正向叠加。农产品销售由推销向抢购转变，农产品质量安全认证成为最好的市场通行证、名牌产品的前置身份证。凡是通过质量安全认证的农产品都成为外地客商的抢手货。农产品质量安全取得了增强产品品质、扩大市场认知、提高销售价格、增加农牧民收入等方面的可观效益，而且保护了自然生态环境，确保了旗内外广大消费者"舌尖"上的安全，同时奠定了观光农业、生态旅游、乡村旅游发展的坚实基础，经济效益、生态效益、社会效益均十分可观。

1997年，喀喇沁旗被国家农业部命名为"全国生态农业县"；2007年，获得"全国绿色小康县"称号；2009年，被自治区命名为"特色产业示范旗"；2011年，被农业部命名为"休闲农业与乡村旅游示范旗"。

畜牧产业发展强劲

早在新石器时期，喀喇沁先民们既以渔猎和驯养草食动物为主。辽代，契丹人虽重视农业，但"羊以千万为群，纵其自就水草"，牧业仍为主要经济内容。元代，喀喇沁地区"森林茂密，草场丰美"，牛羊满山。清代初期，此地区仍以游牧为主。后蒙地开垦，牧业由主导产业退居其次。现今喀喇沁旗畜牧业为农区畜牧业，以农牧结合为主。

中华人民共和国成立后，全旗所有乡镇都建有畜牧站，有工作人员3～5人，村里亦有兼职兽医。改革开放以来，全旗的畜牧业发展由单纯追求数量转变为数质并重，从靠天养畜转变为设施养畜，从自给型转变为商品型，由单纯的草场放牧转变为农牧结合型现代畜牧业。

近年来，喀喇沁旗以"加快转变畜牧业增长方式，推进现代畜牧业建设"为中心，围绕产业发展和

风吹草低见牛羊

农民增收的发展目标，积极引导科学养畜，走绿色、高端、生态、安全的畜牧业发展道路，建立了畜牧业可持续发展与环境保护的发展机制。畜牧业正成为喀喇沁旗农牧业发展的支柱产业，成为农牧民致富奔小康的重要推动力量。

"牛"出优势特色
"羊"出项目效益

近几年，喀喇沁旗按照"稳羊增牛，扩禽增猪"的发展思路，打造特色优势品牌，努力做大做强畜牧产业。一方面按照"畜禽良种化、养殖设施化、生产规范化、防疫制度化、粪污处理无害化"要求，加大政策支持引导力度，加强关键技术培训与指导，深入开展畜禽养殖标准化示范创建工作；另一方面借力抓好五大重点项目建设，即"风沙源治理项目、国际小母牛项目、肉牛标准化健康养殖项目、农技推广体系改革与建设补助项目、全区指定推广通道公路动物卫生监督检查站建设项目"。项目资金投入力度逐年加大。仅2016年，就投资

天顺种羊场

羊场

养羊大会

94606万元，建设棚圈4万平方米，青贮窖1.2万立方米，购置加工机械1013台；投资100万元，补贴种草面积2万亩；投资910万元发展养羊户1000户，每户投资6200元；投资60万元，用于生猪、肉羊标准化健康养殖的粪污处理和防疫设施。

"治"出市场秩序
"保"出产品质量

全旗围绕创建"自治区农畜产品质量安全示范县"活动，在规范兽药饲料市场秩序、监管兽药饲料产品质量上下功夫，坚持强化"五个专项整治"，即"瘦肉精"专项整治、兽用抗菌药专项整治、生鲜乳违禁物质专项整治、畜禽屠宰专项整治行动、涉牧农资打假专项治理行动，

养鸭场

净化了全旗畜牧市场，为喀喇沁畜牧业向快向好发展发挥了重要作用。

"推"出配套技术
"打"出产品品牌

为了充分发挥农民主体作用，培养符合现代畜牧业需要的新型农民，加快畜牧业科技成果转化，确保全旗畜牧业生产目标的实现，喀喇沁旗坚持常年对农民进行畜牧业实用技术培训，有效提高农民饲草料生产、畜禽养殖和经营管理水平。

针对全旗对肉牛、肉羊、生猪等7个畜牧业主导品种和优质牛肉生产技术、现代肉羊综合配套技术、标准化圈舍建造技术等10项重点技术，每年抽调40多名科技指导员，集中科技力量抓好示范区建设，为示范大户搞好服务。展示新品种、

小母牛项目启动仪式

小牛群白亚军养牛场

新技术、新模式，做给农民看，引导农民干，加速科技成果的转化应用，围绕生态循环养殖和特色养殖，打造出了一批优质安全放心的畜产品品牌。

2016年以来，共组织各类培训

班、现场会、技术咨询及技术讲座
15场（次），受训农民人数达1.2万
人（次）。

截至2016年6月末，全旗牲畜
存栏量达到120万头（只），其中
生猪存栏24万头，肉牛21万头，
肉羊71万只，其他大牲畜4万头

养鸡场

养牛培训

（只）。蛋鸡存栏达300万羽，肉
禽存栏1000万羽。2016年肉牛出栏
12万头，生猪24万头，肉羊50万只，
肉禽1000万只。肉类总产量4.3万吨，
蛋类总产量3.8万吨，奶类总产量1.2
万吨。全旗畜牧业产值达8亿多元，
占全旗农业总产值的48%左右。

林业发展成效卓著

喀喇沁旗自古多森林，名贵树
木很多，如核桃楸、水曲柳、桃叶卫
茅等。清康熙帝曾赋诗赞曰："古
木苍山路不穷，霜林飒沓响秋风。
临流驻跸归营晚，坐看旌旗落日红。"
喀喇沁旗境内以树木命名的村落就

有 20 多个，诸如松树梁、椴木沟、
杨桦岭、柳条沟、杨树林、杏树沟、
榆树林等。

　　由于清代后期、民国时期特别
是侵华日军进占旗境后采取"拔大
毛"式掠夺性毁林砍伐，到 1945 年，
全旗森林面积仅剩 16 万亩，森林覆

桦树林

茫茫林海

栽植路边树

盖率不足 4%。由于森林植被稀疏，水土流失严重，生态环境恶化，风、雹、旱、涝等自然灾害频繁，喀喇沁人饱受其害。

中华人民共和国成立后，喀喇沁旗各级政府组织群众开展了大规模的造林和护林活动，采取封、造、育、改等措施，全旗林业生产迅速发展，将新中国成立前残存的次生林和大部分宜林荒山荒地，绿化成用材林基地和林副产品基地，形成多林种、多树种、带片网相结合的防护林体系，防风固沙、保持水土、涵养水源、调节气候、美化环境等效果显著，生态系统初步得到改善和恢复。

从 1979 年开展"三北"（东北、华北、西北）防护林第一期工程建设，到 1998 年末，全旗森林面积增加到 230 万亩，森林覆盖率 38.4%；从 1999 年推行"退耕还林"政策、2001 年实施"京津风沙源治理工程"，到 2005 年实行"封育禁牧"政策，

1972 年中日建交时，日本首相田中角荣赠给周总理 1000 株日本落叶松树苗，林业部把其中的 500 株拨给旺业甸国营林场培育，现已长大成材，成为珍稀的日本落叶松种子源，亦成为中日建交纪念林。

旺业甸大店北沟

全旗荒山植被恢复迅速，野生动物明显增多，生态环境大幅度改善。2007年，喀喇沁旗被中宣部、中央文明办、全国绿化委员会、国家林业局四部门联合授予"全国绿色小康县"荣誉称号，并于2012年通过全国森林城市验收。截至2015年末，全旗林业用地面积27608万亩，占土地总面积的60.54%，森林覆盖率达48.8%。锡伯河上游的美林、旺业

醉美茅荆坝

幽美硅子沟

甸、大西沟、王爷府、四十家子等地区的林草覆盖率已达70%以上，不仅成为野生动物繁衍生息之地，更成为抵御自然灾害的绿色屏障。2014年以来，喀喇沁旗承担赤峰市重点工程——重点区域绿化工程，其占地面积13622亩，项目总投资27613.16万元，公路绿化3716亩，城镇周边绿化3906亩，厂矿园区绿化730亩，村庄绿化5170亩，河流水系绿化100亩。

如今喀喇沁大地已是"无山不绿，有水皆清"。茅荆坝原始风景林蓊蓊郁郁，荫翳蔽日；马鞍山

茅荆坝景区

美林谷小美林

松桦混交林葱葱翠翠，媲美黄山。
2016 年 10 月，旺业甸国家森林公
园被评为国家级"森林氧吧"。如
今乡野村庄成为"绿树村边合，青
山郭外斜""有良田美池桑竹之属"
的世外桃源，锦城小镇呈现"数树
新开翠影齐""绝胜烟柳满皇都"
的江南胜景。

　　林业的发展，不仅大大减轻了
洪水和风沙灾害，还促进了林业产
业的崛起。全旗每年采集、加工林
木种子、榛子、蘑菇、山野菜、药
材，收入产值达 5000 万元以上。近
年来，新增设施灵芝大棚 28 个，产

砬子沟

值10879万元，利税2590万元。全旗有林下养殖柴鸡户20家，养殖柴鸡5万只，销售收入400万元，安排就业人员40人；林蛙养殖场1家，年养殖林蛙20万只，销售收入120万元，安排就业人员20人；西桥镇高营子兴农种植养殖专业合作社（入社人员224户）利用经济林基地养殖蚯蚓100亩，年产蚯蚓160吨，销售收入280万元，带动就业200人；养殖七彩山鸡一家，养殖600只，销售收入20万元。2015年，全旗

秋林尽染

美林康宁寺景区

野生动物驯养繁殖业固定资产投资4682万元，产值3659万元，就业人数63人。林业的发展催生了旅游业的强劲发展。生态观光旅游在原有茅荆坝植物园、马鞍山国家森林公园基础上，又陆续打造了黑山沟、美林谷、通太沟、高营子、雷营子和田营子等乡村旅游景区。马鞍山村、通太沟村等六个村还被列为全国乡村旅游扶贫重点村，数量居全市各旗县首位。林业的发展带动了畜牧业的发展壮大。喀旗引导养殖户向舍饲圈养规模化方向发展，给予政策资金支持，并按照"西繁东育"的总体思路，调整优化畜牧业结构，鼓励特种养殖。截至2016年，全旗饲料作物种植面积近10万亩，秸秆转化率达到65%以上。

喀喇沁旗林业正以扎实稳健的步伐向前迈进。

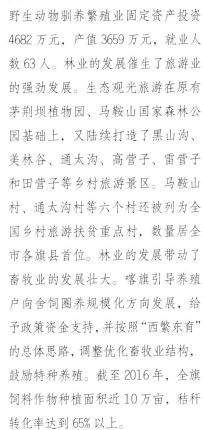

工业经济高歌猛进

几度春秋，几度风雨。喀喇沁旗工业走过了坎坷曲折，正走向一条凤凰涅槃的追梦之路。

1949年，全旗仅有手工业作坊48家，地方国营企业只有光明印刷厂一家。1958年，全旗掀起了以大炼钢铁为中心的大办地方国营企业的热潮，国营企业猛增到26家。由于背离经济发展规律，许多企业相继亏损倒闭。"文化大革命"初期，全旗工业企业大部分陷入混乱停滞状态。

1985年以后，随着改革开放的不断深入，全旗工业逐步完成由计划经济向市场经济转化。1990年以后，全旗"瞄准市场办工业"，对一些长期亏损、负债经营的企业实行了关、停、并、转，对一些国营企业实行股份制经营，对一些集体小企业实行租赁、承包责任制，使全旗工业保持了稳定发展。

喀喇沁旗经济开发区示意图版块

1995年末，全旗工业企业以旗属国营、旗营集体、乡镇集体、村办集体及个体等多种所有制形式并存。其中旗属国营企业29家，旗营集体工业企业11家，乡镇工业企业72家，销售收入100万元以上的村办企业有10家。煤炭、黄金、萤石、棉纱、服装、砖瓦、水泥、玻璃、石材、酒类、肉食品、日用、五金、农机、木工机械、木器等主要工业品产量形成相当规模。

"十一五"以来，喀喇沁旗工业进入健康平稳向上向好发展的飞跃阶段。喀喇沁旗积极贯彻落实国家关于推动企业集中、集聚、集群发展的政策，注重整合各方面资源，

赤峰云铜厂景图

建设承载工业经济发展的有力载体，打造了喀喇沁经济开发区"一区五园"的经济发展格局，坚持"工业强旗"战略不动摇，通过卓有成效的招商引资和苦心经营，成功地与云南铜业、中国中材、沈阳燃气、河南灵宝、山东东岳、营口大洋纺织等国企和国内知名企业合作，基本形成了有色冶金、新型建材、矿产开发、氟化工、纺织服装、农畜产品加工六大支柱产业。

阴极铜下游产品

传统产业转型升级催生蝶变

赤峰云铜有色金属有限公司位于喀喇沁旗经济开发区锦山工业园，由 1997 年成立的赤峰金峰铜业有限公司与 2006 年成立的赤峰云铜有色金属有限公司重组而成，注册资金 6.5 亿元，属国有控股企业。公司产品为"铁峰"牌高纯阴极铜，年生产能力为 12 万吨。截至 2016 年 11 月末，企业资产总额 20.45 亿元，工业总产值约占全旗 75% 以上。赤峰先锋纺织有限公司是棉纺民营企业。公司前身为内蒙古仙纺集团，2006 年初由国有转为民营。现拥有 5.5 万锭纺纱产能，年可生产各种纯棉纱 6000 吨以上。目前可生产 40S—100S 各种规格产品，精梳纱生产量占公司生产总量的 40% 以上。截至 2016

先锋纺织

先锋纺织精纺车间

年 11 月末，公司资产总额 3749 万元。

赤峰山水远航水泥有限公司前身为赤峰第一水泥厂，是内蒙古东部地区最大的水泥生产企业，年产水泥 220 万吨以上，公司主产品"远

赤峰云铜电解车间生产图

远航水泥

航"牌系列水泥通过了国家水泥质量认证和 ISO9002 国际质量体系认证，成为自治区首批质量免检产品、自治区名牌产品，"远航"商标被评为内蒙古自治区著名商标。截至 2016 年 11 月末，总资产 7.48 亿元。

喀喇沁草原水泥有限责任公司注册资本 2.5 亿元，是上市公司宁夏建材集团全资子公司，公司占地 42.5 公顷，总投资 7.75 亿元，产水泥 200 万吨，企业所产"赛马"牌水泥为中国驰名商标产品，产品广泛应用于铁路、高速公路、水利、机场、桥梁等国家和地方重点工程项目建设。截至 2016 年企业资产总额 8.46 亿元。

赤峰卉原建材有限公司 2015 年投入运营，总投资 2.2 亿元。主要产品多功能膨胀珍珠岩吸声板是优质的建筑声学材料，具有吸声宽频高效、不变形不变色、无纤维污染、无毒无害、无气体挥发、无放射性等优点，集清洁环保、防火、保温、吸声、装饰功能于一身，且方便设计、施工简捷，比传统做法成本低 30%。并且获得国家专利，生产技术处于国内领先水平。产品成功应用于北京饭店、上海和平饭店、国家博物馆、上海虹桥交通枢纽等一系列国内重大工程。

赤峰金蟾矿业有限公司前身为喀喇沁旗国有大水清金矿，1984 年即跨入了"万两黄金县（旗）"行列。2007 年 3 月由灵宝黄金股份有限公司收购为其下属子公司。现已形成采矿 500 吨 / 日，选矿 500 吨 / 日的综合生产能力。

赤峰华孚科技发展有限公司是一家集高档建筑材料和工艺品材料

草原水泥厂区

卉原建材车间

华孚科技发展有限公司

研发、生产、加工、销售为一体的科技型民营企业。设计和生产能力达到20万平方米，其中华孚玉石10万平方米，被评为"中国建筑装饰材料首选环保绿色建材""中国微晶石十佳名优品牌"，是国家火炬计划"新型建筑材料产品"示范基地。

农畜产品加工业 多极支撑多点开花

喀喇沁旗依托丰富的土地和林业资源，加大农畜产品加工项目招商引资力度，食用菌加工、熟肉速冻食品生产、牛羊肉加工、酒类酿造、蔬菜、中蒙药材、马铃薯及谷物杂粮加工等食品工业迅速发展，农村人口在农业产业化生产经营中得到的收入与日俱增。

赤峰振东粮贸有限责任公司2014年投资1亿元，建设绿色谷类（小米）精深加工、玉米碴精深加工、小米玉米微粉（浮粉）精深加工生产线，2015年3月投入使用。总投资3000万元的汇全通米业3万吨/年有机谷物加工项目投入运营，就地收购当地大红谷，解决了当地农民卖粮难的问题。

内蒙古蒙拓食品有限公司是一

畜产品加工

振东粮贸公司

草原王酒业

家集种羊繁殖、肉羊养殖、屠宰、分割、羊副产品加工、牛羊精深加工及销售为一体的现代化企业，是赤峰市农牧业化重点龙头企业，自治区级"文明诚信企业"。"蒙拓"商标在东北、华北冷冻食品行业有很高的知名度，是清华大学"羊肉定点供应基地"。公司依托内蒙古的资源优势，运用现代化养殖模式，建有种羊场1处、大型养殖场3处，并发展肉羊养殖专业合作社298个，养殖户1200多户。

内蒙古草原王酒业有限公司前身是原赤峰市草原王酒厂，创建于1997年8月，位于喀喇沁旗西桥镇。以红高粱为主要原料，采用蒙古族传统酿酒技法，结合现代生产工艺酿造出了品质优良的白酒。主要产品有"巴特烧锅""巴特草原王阿日嘿"和"蒙家坊"三大系列白酒。公司产品销售现已覆盖内蒙古、河北、东北三省及山东等地，受到了当地消费者的喜爱。公司品牌"巴特烧锅"被赤峰市工商局授予"知名商标"，喀喇沁旗工商局授予公司为"诚信企业"。

内蒙古蒙拓食品有限公司

227

经济开发区筑巢引凤展翼腾飞

喀喇沁旗按照"企业园区化、园区产业化、产业集群化、集群循环化"工业布局思路，自2011年起，着力打造了喀喇沁经济开发区。

锦山工业园面积2平方公里，有赤峰云铜有色金属有限公司、内蒙古东岳金峰氟化工有限公司、赤峰蒙博食品有限公司、赤峰锦成生物科技有限公司等多家企业入驻。入园企业项目总投资达20亿元，安排劳动力就业3600多人，被自治区人民政府命名为"自治区循环经济示范园区"，被赤峰市政府批准为市级工业园区。2016年实现产值60亿元。

和美工贸园位于喀喇沁旗牛家营子镇，西接赤峰玉龙民航机场，东与赤峰新城区相连，总规划面积35平方公里，是喀喇沁旗充分发挥

区位优势，主动参与新城区产业布局建设的重点项目区，也是喀喇沁

锦山工业园

锦山工业园

旗转变发展方式，调整产业结构，大力发展绿色经济，提升三产比重等重大举措的区域。园区始建于2006年，主要业态是商贸物流、总部经济、职业教育、医药健康、高端养老等高新产业。现有注册法人单位400余家，900多家商户入住经营。和美工贸园建成后，年交易额

赤峰云铜40万吨高纯阴极铜项目奠基仪式

和美国际温泉旅游度假村项目

预计可达100亿元，增加就业10000人以上，将成为蒙东最大并辐射蒙、

育一批市、区级农牧业产业化重点龙头企业，逐步形成产业集聚、带动效应突出的加工型企业发展平台。规划建设粮油加工区、果蔬加工区、畜禽加工区、酒类饮品区、配套服务区五大功能分区，目前已有振东粮贸、蒙拓食品等7家企业入驻。

和美总部经济新城一期

冀、辽三省的现代商贸物流中心。

小牛群农畜产品加工园总面积7平方公里，依托本地及周边地区农畜产品资源和产业发展基础，加快推进农业现代化、产业化进程，培

2016年，全旗实现地区生产总值80.5亿元，同比增长10％，规模以上工业增加值增速12％。喀喇沁经济开发区将成为喀喇沁旗最具实力的工业区、最具潜力的项目承载地、最具动力的经济支撑点。

教育事业蒸蒸日上

喀喇沁旗最早的系统教育是寺院教育。清朝在推行新政之前大兴喇嘛教，这样就使得具有蒙藏文化传统的宗教文化，在蒙古地区得到广泛传播，寺院教育遂成为当时喀喇沁旗内一种独特的文化教育形式。从目不识丁的顽童到能识文诵经的

崇正学堂正门

僧人，在寺庙的喇嘛学塾里受到了系统的教育，使蒙古族的天文、数学、医学、易经、绘画、音乐等，得到了很好发展。

旗内建立最早的学校是贡桑诺尔布先后办起的崇正文学堂、守正武学堂和毓正女学堂。这三所学堂的建立，冲破了旧式教育的堡垒，打破了"学在寺院"的状况，开内蒙古地区新式教育之先河，开创了诸多喀喇沁乃至内蒙古教育之最，为社会培养了一大批优秀人才。清廷分别赐给崇正文学堂和毓正女学堂"牖迪蒙疆""壶教畅明"两方匾额，各盟旗争先效仿创办新学。喀喇沁夙有出"巴格西"（老师）之名。

毓正女学堂学生留影（后排中间为贡桑诺尔布）

建立了完备的教育体系

中华人民共和国成立后，全旗教育得到飞速发展。近年来，以打造"区域性教育强旗"为目标，以促进全旗教育现代化、均衡发展为主旨，喀喇沁旗建立和完善了涵盖学前教育、义务教育、高中教育、职业教育、民族教育、特殊教育在内的教育体系。

完成了高中布局调整。从2001年开始到2010年，将原来的五所普通高中合并到旗政府所在地锦山，组建锦山中学（即"赤峰市田家炳中学"）和锦山蒙古族中学（即"崇正中学"）。2010年8月，又将楼子店建筑职业中等专业学校迁入锦山新校区，更名为"赤峰建筑工程学校"。至此，全旗高中已形成"两普一职"格局。新建了锦山第三小学、锦山第五中学，把特殊教育学校搬迁到锦山镇。

以学前教育普惠性为目标，完善"政府主导、社会参与、公民并举"的办园体制，新建了锦山第二幼儿园、旗直属幼儿园，扩建了实验小学幼儿园。各乡镇都建起了中心幼儿园。

大力推动教育均衡发展

办学条件大幅改善

为推动教育均衡发展，按照《喀喇沁旗中小学校建设规划》，先后实施了"校安工程"、国家"薄改计划工程"、自治区"标准化学校建设工程"、国家"全面改薄工程"、赤峰市"农村中小学办学条件提升

锦山三中校园一角

锦山五中远景

工程"等，累计投资 8.7 亿元，建设校舍 34 万平方米，建设体育运动场地 29.4 万平方米，为 38 所项目学校

锦山第二幼儿园

实施了校园硬化、绿化等工程；先后投资 5448 万元为全旗各校购置了课桌椅、生活设施设备、教学器材和设备等。教师公寓、教师周转宿舍建设项目，在全旗中小学校陆续实施。目前，喀喇沁旗学校基本实现了"校舍楼房化、校园园林化、管理规范化、教学手段现代化"。

择校择班得到控制

自 2015 年起，全旗各初中、小学开始全面执行划片招生、"阳光分班"政策，使喀喇沁旗城区大班额现象有效缓解，择校择班热得到遏制，办学行为得到进一步规范。

师资水平趋于均衡

在教师资源配置上，采取合理均衡策略，实现旗域内学校间教师

锦山三中操场

翰墨飘香书法主题长廊

队伍学科结构、学历结构、专业技术职务结构大体均衡。采取优秀骨干教师向薄弱学校流动，紧缺专业教师流动教学和支教、送教下乡、协作教研、加大各类培训和教研指导力度等形式，使全旗师资水平逐渐趋于均衡。

教学改革稳步推进

喀喇沁旗的课堂教学及课程改革，以"重点校本教研项目推进"和"以课题促课改，以课题带常规"为突破口，聚焦课程、课标、课本、课堂、课题、课例等核心项目精细设计。遵循"先试点，后铺开""科研引领，行政推动"的原则，采取教学能手送教下乡、组建教研协作区、开展课堂教学升级达标、骨干教师领衔教育科研、集体备课、名师公开课、现代教学手段应用培训等策略，更新教学观念，研究教学策略，优化教法学法。

以"导学式教学体系""语文教学整体改革"和"'少教多学'的策略与方法研究"为代表的课题研究发挥了精准攻坚作用。

以人为本，"先学后教""以

第二幼儿园室外活动

锦山第一小学李建华老师（国家级优秀教师、自治区教学能手）
在做数学课改经验交流。

学定教"。把学习的权利还给学生，
让他们真正成为学习的主人课堂的主
角；把时间还给学生，少教多学，合
理多练；把阅读交给学生，让学生在
阅读中感受、领悟和探索；把方法教
给学生，对学生进行科学学习方法的
教育和引导。课堂教学（课程）改革
关注师生的生命和精神成长。

第二幼儿园图书室

文化名校誉满全区、知名全国

赤峰市田家炳中学（原锦山中学）坚持以"办有灵魂的教育，为师生创高贵幸福的人生"为办学宗旨，高扬"教育——开启智慧，养育精神，灿烂生命"的信念之旗，让教育"遵从人道，澄明人性，亮美人心，陶铸人格，滋养人生"，坚定不移地走"引进大师，走向经典""以人育人，以文化人"的教

显著，高考成绩位列全市榜首乃至自治区前列。锦中先后被评为"赤峰市名学校""自治区示范性普通高中""全国名优学校"。

赤峰建筑工程学校以"大学之道、企业精神、国际视野、建筑品牌"为办学定位，坚持"以人育人，以文化人，以技立身，以艺养德"的教育策略，确立了"能生存、会生活、有教养"的学生培养目标和"蓝领

赤峰市田家炳中学综合教学楼

学生成人礼合影

育之路。用启功、季羡林、田家炳等大师精神养育师生，建设书香校园，开展读书活动，形成了"大师精神，书院气派"的办学特色，得到了上级领导肯定和区内外教育界的高度赞赏。教育成果多元化成效

精英、商界领袖、精神贵族、共和国基石"的学生发展愿景，形成了"创享尊严、高贵、幸福人生"的核心价值追求。以贝聿铭、王澍、韩美林、冯其庸、周国平等大师为导师，让大师的精神和思想，成为师生仰望

赤峰建筑工程学校

赤建学子在雨润书屋读书

的星空。构建了具有学校特色的"专业课＋才艺素养课＋文化修养课"的课程体例。改革专业课让学生学到真本领，举办读书节、文化节，让学生学建筑美学，欣赏名曲名画。2013年，学校被赤峰市人民政府授予"全市高中教育工作突出贡献先进学校"称号。2014年6月18日，全区创业工程推进会议暨高校毕业生就业现场会在赤峰召开，会上称赞赤峰建筑工程学校：理念先进，思路明确，技术中有文化，文化中有技术，各高校应该学习借鉴。

内蒙古自治区主席布小林，自治区党委原常委、宣传部长、现湖南省委副书记乌兰和著名哲学家周国平、著名教育家朱永新等领导和专家学者，对赤峰市田家炳中学和赤峰建筑工程学校都给予了高度评价。

锦山第二小学确立了"生命教

内蒙古自治区政府主席布小林视察田家炳中学

育，文化熏陶，科学养育，个性发展"的办学思想，以"文化立校，内涵发展"为办学宗旨，以"为教师持续发展铺路，为学生幸福人生奠基"为办学目标，把珍爱生命、关注生命质量、创造生命价值作为学校教育的重要使命，境界高远，特色鲜明。

读书已成为师生共同的价值与信念

自 2011 年起，喀喇沁旗在全旗各校大力开展"书香校园"建设活动，坚信"书籍，真正的大学；阅读，最好的教育"。把读书纳入

内蒙古自治区宣传部原部长长乌兰视察田家炳中学

小学生表演国学

教师成长和发展规划，鼓励教师走读书、教书、写书的成才之路；开设阅读课，把人文经典引入课堂；开展多种形式的读书活动。让师生在借助文字构筑的精神世界里漫游，从阅读中寻找信仰，找到价值，走向高远。几年来，"读好书，好读书"已成为全旗广大师生共同的价值与信念；书香校园，已成为全旗各校的主要特色。

2014年，喀喇沁旗承办了"赤峰市'峰润杯'大中小学生'读书幸福'有奖征文大赛表奖暨赤峰市校长教师读书工程启动仪式"。2015年，又成功承办了"赤峰市首届校园读书节"，喀喇沁旗向全市做了书香校园建设成果展示，得到了与会专家和领导的高度赞扬。

文化艺术硕果累累

喀喇沁旗堪称文化大旗，文化遗存年代之久、类型之多，闻名世界；艺术创作，特色鲜明，久负盛名。旺都特那木济勒的《如许斋诗集》，光绪年间就有多种刻本流传全国；贡桑诺尔布的《竹友斋诗集》众人皆知；其父子俩的丹青墨宝，深得康有为、梁启超、吴昌硕、陈半丁等人赏识。清同治年间亲王府创办的燕贻堂，演员60余人，剧目20

锦山小学校本教材

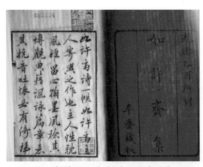
旺都特那木济勒《如许斋集》

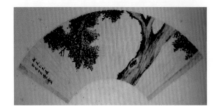
贡桑诺尔布画作

卡吉德玛舞蹈

始终坚持文化强旗发展战略，持续加大文化基础设施建设力度，广泛开展群众性文体活动，扎实推进文

余种，其中"活马武""蒙古红"等名角声名远达晋地。宗教舞蹈"那若·卡吉德玛"，赤峰"仅此一家"，即使在喇嘛教寺庙众多的蒙古高原亦绝无仅有。

喀喇沁清代王府作为影视拍摄基地，曾拍摄《风雪巴林道》《抗痘记》《草原春来早》《嘎达梅林》《云游记》等影视剧。旅游剧目《追梦王府》的工作正紧锣密鼓地进行之中，让越来越多的人认识了亲王府，了解了喀喇沁。近年来，喀喇沁旗

艺精品创作，全旗文化事业呈现出
多元发展、稳步提升的良好态势，
一些发展中的文化艺术事业、产业，

犹如春色初展，令人钟情；宛若鲜
花含露，芳香四溢。

拍摄《嘎达梅林》外景

文化设施类型全水准高

喀喇沁旗先后建起了占地 406 亩的湖滨体育中心、占地 186 亩的锦山市民文化广场，为广大群众开展健身、表演等特色群体性活动提

中央电视台心连心演出现场

供了宽阔舞台；高标准建设了占地 34119.66 平方米的文化艺术中心，内部建有会议中心、多功能展厅、乌兰牧骑展厅、图书馆、文化馆、喀喇沁旗博物馆、喀喇沁旗历史文化研究会（室）、喀喇沁旗书画院等。

文化团队种类多实力强

喀喇沁旗乌兰牧骑是实力雄厚

的品牌文艺团体。2012 年创作的话剧《我的爸爸戴成钧》在自治区巡演近百场；历史剧《太后出朝》获第十二届少数民族题材戏剧剧本"孔雀奖"银奖；2014 年，王秀琴创作

乌兰牧骑表演《好人就在身边》（下基层）

的微型系列剧《好人就在身边》第一部，获第九届中国话剧金狮剧目奖、编剧奖、表演奖，在赤峰市巡回演出 85 场次；大型话剧《良心》入围第十二届"中国·内蒙古草原文化节"，作为巡演剧目已在全区巡演 80 余场；2015 年创作的反腐倡廉题材大型话剧《母亲》入围第

锦山艺术中心

2014年，话剧金狮奖颁奖现场，朱建华（左6）获金狮表演奖

十三届"中国·内蒙古草原文化节"，在全区巡回演出30余场。喀喇沁旗文联、作协、书协、书画院和赤峰启功书院一直十分活跃，迎接了各级领导和同仁的亲临指导并受到好评。旗作协主办的《漠南风》、书画院主办的《沁园》、启功书院主

锦山市民文化广场雕塑

办的《山河》深受读者喜爱和专家认可。

自2013年开始，全旗组织开展了"中国书法之乡"创建活动，建成学校、机关、农村等书法创作基地11处，文化石刻80余处、100余块、刻字达1250余字。主办了全国百名书法家扇面邀请展、"内蒙古书法精品展走进喀喇沁"等大型

文化石刻

王府雅乐演奏

銀廳

全国书法名家百人扇面邀请赛

文化艺术活动30余场次。连续3年开展了"京蒙人民心连心"等艺术家代表团文化交流活动，为广大群众送去一道道精美文化大餐。喀喇沁旗"王府雅乐"通过了自治区"一旗一品"文化品牌验收。

创作团队层次高作品优

喀喇沁旗现有中国作家协会会员3名，中国楹联学会会员2名，中国红楼梦学会会员1名，中国书法家协会会员7名，中国少数民族作家学会、中国散文学会和内蒙古作家协会会员近30名。其中呼格吉夫的音乐作品曾连续八次获内蒙古"五个一工程"奖，享受国务院特殊津贴；苏涛书法作品荣膺"龙岗杯"

苏涛书法

王府文化节

国际书法大展银奖、全国"兰亭奖"（提名奖），魏金国、吴银成、宁广瑞、汪子林、贾永昕等人的书法，屡次在国内外获得大奖；韩静慧的小说曾获"少数民族骏马奖"；刘泷在2015年被评为"全国小小说十大新锐第一名"，近年有四篇小小说被《小说选刊》转载；孙书林小说曾获内蒙古"索龙嘎"文学奖；王慧俊的散文《家风这面镜子》获"冰心散文奖"；田福的散文《我亲爱的土地》在2014年获中国国土作协征文二等奖；乌力吉的论文获国家七部委征文三等奖；电视连续剧剧本《喀喇沁王传奇》获内蒙古宣传部优秀奖；侯志、郑晓光等合撰的历史文化研究专著《古代西辽河流域的游牧文化》《贡桑诺尔布史料拾遗》以及

申国君的红学研究专著《门外谈红楼》《回风舞雪红楼梦》均被评为内蒙古自治区哲学社会科学优秀成果政府奖；侯广、孙起的楹联屡次在全国获大奖，多副对联入选镌刻于国内书院、道观、寺院及其他旅游景点。

2015年以来，肖龙、刘泷、王秀琴相继荣膺赤峰市政府首届文学、剧本配额大奖和首届"赤峰文艺奖"的"百柳文学奖"与"玉龙艺术奖"

喀喇沁旗西桥镇恩州村民间皮影展示

榆鼓表演

大奖，田福作品荣膺市政府首届文　　161个行政村都建起了具有本地区
学大奖……　　　　　　　　　　　特色的文体活动中心，实现了村级

　　美术、摄影、音乐、舞蹈等协
会百舸争流、硕果盈枝，成为喀喇
沁文化队伍中艺韵激荡的生力军。

农村文化多姿多彩

　　过去旗内农村文化生活比较
缺乏，只有在春节期间才有大型文
化活动，平时偶有地方戏或皮影戏
演出。如今，全旗三级公共文化服
务体系已经完成，并形成了以旗文
化馆、图书馆，乡文化站，村文化
室的公共文化服务网络格局。全旗

喀喇沁旗美林镇大营子村文化大舞台

高跷表演

牛家营子镇土城子文化活动

文化室全覆盖，不但保证了基层群众开展文体活动有场所、有设备的问题，同时也为展示乡村民俗风情、历史沿革、新风新貌、艺术成就、产业发展、乡村文明提供了重要平台和阵地。2016年全旗161个行政村配备棋牌桌椅、乒乓球案子、锣鼓镲、移动便携音箱等1400余件（套），16个重点村文化室内部进行了特色文化装饰。全旗硬化广场216片，建文化大院13个，草原书屋155个。结合全旗村级文化室建设情况和各村特色，进行村级文化室建设提档升级，使村级文化室建设更具特色，内容更加丰富多彩，展示形式更加多样，品位境界更高，审美观和群众认同感更强。

医疗卫生稳步推进

从过去背着药褡子走乡串户的游方郎中，到今日出身医学名校或屡经专业培训的执业医师；从昔日寥若晨星设施简陋的私家坐堂药铺，到现在星罗棋布、设备齐全的现代化卫生院所；从多少年靠乡下接生婆主宰母婴的命运，到现如今全方位的妇幼保健机制；从中华人民共和国成立前鼠疫霍乱克山病肆虐夺走人命，到新时代科学防疫多重健康保障……

喀喇沁旗的医疗卫生发生了令人瞩目的破茧蝶变。

完善医改　撑起多元办医格局

多年来，喀喇沁旗高度重视医疗卫生工作，按照深化卫生体制综合改革的总体要求，建立并完善了以旗级综合医院为龙头，乡镇卫生院、社区卫生服务机构为基础，村卫生室为网底的全旗三级医疗卫生服务体系。同时积极鼓励和支持社会资本举办各类医疗机构，形成多元化办医格局。

截至目前，已建成一类甲等标

喀喇沁旗西桥镇吉旺营子村卫生室

村卫生室

准卫生院2所、一类乙等标准卫生院2所、二类标准卫生院10所、三类标准卫生院2所。全旗161个村卫生室全部实行了一体化管理，为基层群众提供了便捷、安全的卫生诊疗环境，一举结束了农民"看病路费比药费贵""小病挨、大病拖"的历史。

2015年，依照政府机构工作部署，喀喇沁旗卫生、人口和计划生育局实现机构整合，组建为喀旗卫生和计划生育局，喀喇沁旗合管办一并归入。两年来，全旗卫生实现了新的跨越。

夯实基础　医疗设施更新换代

喀喇沁旗医院是二级乙等医院

党员进社区送健康知识讲座

喀喇沁旗医院

和国家级爱婴医院，是集医疗、教学、科研、预防保健于一体的县级公立医院。拥有美国 GE16 排螺旋 CT 扫描机、全自动数字化摄片机（DR）、德国产罗氏 -411 电化学发光免疫分析仪、德国西门子四维彩超、美国 GE-E8 超高档四维彩超、德国产笑气麻醉机、超声乳化手术系统等现代化诊疗设备。全院共设 14 个职能科室，21 个临床科室和 11 个辅助科室。综合病房楼配有中心供氧、护患呼叫系统、中心监控等功能。净化手术室按国内先进的无菌隔离技术装备与建造。2010 年旗医院与北京儿童医院、北京妇产医院、北京宣武医院三家三级医院建立长期

对口协作关系。

中蒙医院 1996 年被赤峰市评为"白求恩先进集体""全市三满意单位"，是二级乙等医院。2008 年以来，建设了市级重点学科 1 个（眼科），重点专科 3 个（眼科、中医心病科、中医脑病科），3 个特色专科（中医糖尿病专科、中医康复科、

中蒙医院到农家义诊

中医胃肠科）。2名医生曾被评为赤峰市著名中蒙医。中蒙医院拥有300MAX光机、半自动生化分析仪、美国GE彩色超声诊断仪、日本东芝全自动生化分析仪、微量元素分析仪、800MA X光机等医疗设备30余台（件）。

"服务百姓健康行动"签约仪式

2004年旗卫生防疫站1306平方米疾控中心楼建成，先后有16台（件）配套设备相继到位并投入使用；2005年开通了全旗传染病网络直报系统，提高了传染病报告及时率、准确率。2006年组建了旗疾控中心和旗卫生监督所，在疾病防控和卫生监督方面发挥着更大的职能作用。

旗妇幼保健所于2004年新建综合楼1200平方米，新增了产科监护仪、紫外线治疗仪、儿童智商测试仪、全自动化生化分析仪和血球计数仪等必要的诊疗设备，为不断提升妇幼保健服务水平奠定了坚实基础。

儿童预防接种

2009 年开始，妇幼保健所由差额事业单位变更为全额拨款事业单位。

从 2013 年开始，旗政府将基层医疗机构房屋修缮、设备购置、人才培养等费用纳入年度财政预算，为乡镇（中心）卫生院配备了彩超、DR、全自动生化分析仪、全自动血

村卫生室培训班

细胞分析仪、尿分析仪等 26 台（件），有效提升了喀旗乡镇（中心）卫生院服务能力和水平。

多措并举　医疗服务节节攀升

实施配药"五统一"

2011 年 8 月 1 日起，喀喇沁旗全面实施基本药物制度，实行了药品零差率销售。根据《内蒙古自治区基层医疗卫生机构基本药物使用与采购配送办法》的要求，实现了药品价格统一、采购平台统一、采购渠道统一，规范了药品流通秩序，

卫生服务项目宣传

药品质量有了根本保障，大大减轻了群众的用药负担。

做到防疫工作全覆盖

以计划免疫为中心，以重大疾病防治为重点，卫生防疫工作得到加强。"四苗"常规免疫接种率达 98% 以上，乙肝疫苗接种率城镇达 95%、农村达 90%；开展了强化免疫接种工作，新生儿建卡建证率达 98% 以上；完成麻疹查漏补种工作，接种率达 100%；不断加大防氟改水和化验检测力度，修建防氟改水工程

街头义诊

近百处，改善了氟中毒病区的饮用水质量。

推行"爱婴医院"活动

建立了孕产妇系统管理、儿童保健系统管理，两个系统管理率均保持在 95% 以上，住院分娩率达到 99.9%。全面落实孕产妇住院分娩补助政策，2015 年共补助孕产妇 2520 余人，补助金额达 100.8 万元。2015 年，喀喇沁旗作为全国幸福工程可持续发展项目唯一试点旗县，项目资金累计达到 300 万元，资金规模

居全国之首，全年共帮扶贫困母亲家庭132户，覆盖人口364人。

医疗卫生服务重心下沉

采取"乡村两手抓"模式，不断推动医疗卫生服务重心下沉。打造公共卫生服务示范村，开展示范村的公共卫生服务工作，并以示范村为中心，以点带面，推动喀喇沁旗公共卫生服务全面发展。建立居民健康纸质档案和电子档案，对高血压患者、糖尿病患者、严重性精神病患者、65岁以上老年人、0～36个月新生儿、高危产妇进行动态管理和随访。

积极创建自治区级卫生城

积极落实自治区《爱国卫生条例》。2002年锦山镇经过了自治区四星级文明城镇和卫生城镇验收。2011年，王爷府镇、十家满族乡三道营子村被评为自治区卫生村镇。2012年4月份开始，全面启动了国家卫生县城的创建工作，8月份通过了国家的综合评审。2014年10月

卫生进社区

20日，喀喇沁旗成功筹备召开了自治区卫生创建工作现场会。

新型医疗全旗　百姓实惠多多

新型农村合作医疗是切实解决广大农民群众"因病致贫""因病

新农合报销

返贫"问题的"民心工程"。喀喇沁旗是国家新型农村合作医疗试点旗，全旗新农合覆盖面逐年扩大。截至目前，全旗参合人口26.39万人，农民参合率达98.6%，全旗五保户、低保户参合率达100%。全旗城乡居民养老保险参保16.8万人，城镇职工养老保险参保2.12万人，城镇医疗保险参保4.84万人，工伤保险参保1.62万人。

喀喇沁旗卫生事业稳步推进，成绩显著，曾先后获内蒙古自治区卫生"阿吉奈奖"，卫生部命名喀喇沁旗为"初保达标先进旗"、卫生部授予其为"结核病控制工作先进单位""国家慢性病综合防控示范区"等称号。2013年喀喇沁旗锦山镇被全国爱国卫生运动委员会命名为"国家卫生县城"。

城乡建设日新月异
城镇建设出特色

"锦山"原名"公爷府"。1947年前，公爷府是个街道狭窄、道路弯曲、市井萧条的小集镇。自1947年3月喀喇沁右旗建西县联合政府由王爷府迁至公爷府后，一些机关、学校、企事业单位相继建立，公爷府逐步开始兴盛。1958年，公爷府镇进行了大规模改造，将辖辘把形老街取直，拓宽了街道，修建了公园，使镇区面貌发生了较大改

喀喇沁旗政府综合办公楼

锦山城区一角俯瞰

喀喇沁旗湖滨体育公园

湖滨体育馆夜景

变。1966年"公爷府"更名为"锦山"，以"锦绣河山"为小城发展愿景。

休闲景观特色凸显

"十一五"以来，喀喇沁旗按照"拓展城镇空间、完善城镇功能、改善人居环境、提升城镇品位"的总体思路，加速推进赤喀同城化发展，持续加大锦山城镇化建设力度，累计投入16亿多元，相继实施了一系列精品工程。以"山水园林、生态宜居、休闲旅游"为建设目标，高起点规划，高标准建设，在精品建设上做文章，突出小而精的特色，建设宜居、宜业、宜游的精雕细琢型山水园林小镇。

紧紧抓住锡伯河这条四季长流的城市内河特点，依托锡伯河，先后建成拥有5道橡胶坝、回水长度3500米的水上公园，并配套建设绿化、美化、亮化设施，营造出"水""城"交融的"生态灵城"，打造了"一河两翼"集休闲、观光旅游，亮、美、绿人文景观为一体的近10公里的依河城市轴线带；依托"一川两山"，重点打造南北山，营造生态、运动、养生为一体的休闲郊野公园。建成自治区最具特色的锦山市民文化广场，2005年这里曾成功承办了中央电视台心连心艺术团慰问演出；建成拥有流动水面108亩、总面积5400平方米的湖滨体育公园，成为

水上公园

既可体育健身，又能休闲居住的综合性新区，并多次承办自治区级体育赛事。

现今，一个以锡伯河水上公园为中心，向南辐射锦山市民文化广场、湖滨体育公园、南山生态公园，向北辐射市政广场、花山广场和北山生态公园的"10分钟绿色休闲圈"

已经建成，镇区居民可以在10分钟内步行到最近的一个休闲场所。"城在山中，水在城中，楼在绿中，人在画中"的宜居城市风貌，令人心醉。

城区框架不断拉大

近年来，喀喇沁旗按照"南展北拓，西移东扩"城镇规划发展思路，适时启动了锦山西城区一期、二期

夜幕下的锦山城区

全国环境优美城

全国文明县城

和东城区建设，城镇框架结构不断拉大。锦山城区建管水平不断提升，采取PPP模式引进富龙热力新建城区热源，2016年10月投入运营。锦山大桥重建历时4个月实现提前通车，公交车站、生活垃圾无害化处理厂正式投入使用。实施重点区域绿化1.6万亩，生态和基础建设成效明显。喀喇沁旗成为实至名归的"自治区生态宜居县城示范旗"。

山青水碧、云白天蓝是这座塞外小城的标志。按照市政府的规划，喀喇沁旗秉持"绿水青山就是金山银山"的理念，紧锣密鼓实施赤峰

云铜有色金属有限公司年产50万吨阴极铜搬迁扩建项目。届时，锦山城区的生活环境和生态文明建设成果将日益彰显。

悠悠七十载，旧貌换新颜。随着时间的推移，伴着建设的脚步，锦山城区日新月异，既有小镇的安适恬静，又有城市的繁华锦绣；既有塞北的恢宏壮丽，又有江南的婉约清秀。"全国文明县城""全国环境优美镇""自治区卫生城""全区小城镇建设示范镇""全区十大魅力名镇""八星级文明旗县城""自治区人居环境范例"等美誉接踵而至。

艺术廊桥

亲王府大街

镇级小城正在崛起

锦山镇、王爷府镇、美林镇、牛营子镇、乃林镇分别被列入自治区级重点镇，王爷府镇被先后命名为"中国历史文化名镇"和"全国文明村镇"；美林镇内"国家森林公园""欧式滑雪胜地"远近闻名。截至目前，全旗城镇化率已达到33%。

农村建设显风情

喀喇沁旗新农村建设，既彰显依山傍水的生态环境特色融现代文明于自然生态之中，体现了自然美、现代美，又注重突出"一村一品、一户一景"特色布局，展示了个性美、整体美。

杏香氤氲的桃源黑山沟

黑山沟村是东西走向仅20华里的狭长山沟。200余户，近800口人在此世代劳作生息。虽系一弹丸之地，却因其风光旖旎秀美，创业

杏花烂漫

成就斐然，堪称养生福地而声名远播。曾被评为"全市新农村建设模范村""全国生态文化村"。

黑山沟北面山上全是茂茂密密的山杏林，每到春末夏初，漫山遍野杏花绽放，胭脂万点，花繁枝娇，如霞似雪，如梦似幻。微风拂过，整条山沟漫洒杏花雨，氤氲杏花香。

座座农舍，盖红瓦镶着白色瓷砖；道道花墙，围护着鲜黄嫩绿的

黑山沟民居

菜园；株株花果树，栽植在原来的河滩之上；条条水泥路，直通到各家的大门之前；栋栋牛羊圈舍，建在远离村庄的山坡下面；排排蔬菜大棚，安在挨近水源的锡伯河畔。翠的柳，青的松，白的桦，依依千载斗秾华；紫的李，红的桃，粉的菊，灼灼三秋争艳丽。食饱鸡豚眠院角，醉酣翁媪哼歌谣。黄发垂髫怡然乐，屡有游人慕名来。乃是宜居真福地，传说桃源亦如然。

村民广场

活色生香的年画土城子

土城子村是一个大村，在锡伯河畔，机场路边。走进土城子，便像走进杨柳青画卷中。

村路如练。一条条平展的水泥路像一针针精雕细描的刺绣，延伸着一道道醉人的风景。

美丽山村

广场似家。这里，彩砖铺排于地面，画图渲染于墙壁，清新、干净、空旷，加之辐射四周的超市、卫生室、文化室，总是在早晚乃至闲暇时分吸引男男女女、老老少少的村民来

土城子

扭大秧歌、做健身操，乐此不疲，优哉游哉。

街墙若画。土城子街墙如林但皆有条不紊，如同长轴，徐徐展开，一步一景，别有洞天，或为法律知识，或是生活常识，或讲美德良善，图文并茂，赏心悦目。

街墙画卷，是对土城子最好的诠释和注脚……

梨花烂漫的胜境通台沟

万朵梨花岭上开，漫山幽香沁心怀。

漫步于长长的空中走廊，绿云之上，会让人不由地想到带领群众艰苦治山、播撒绿色的老支书刘振川的英名；驻足于高高的观景台，田野之上，让人们自豪地忆起温家宝总理视察指导、点赞百姓的情景。

通太沟村具有光荣的传统和历史，20世纪坚持生态建设30年不动摇，成为全国的"三沟"小流域治理典型。借着改革开放的春风，通太沟人又走上了社会主义新农村建设和发展的崭新征程。

通太沟村不断加强生态建设，大力发展林果业。全村林果种植面积从2000亩迅速发展到5000余亩，森林覆盖率达75％以上，使这里成为真正的"花果山"。温家宝在任副总理时就对通太沟小流域治理给予很高评价。

通太沟把每年的5月1日至10日设立为"梨花节"。每逢节日，八方游客云集于此，举目饱览苍莽群山之秀色，尽情享受带雪梨花之芬芳。

喜摘丰收果

小康之路

美林幽谷

行走在通太沟郁郁葱葱的七沟八梁之上，会真切感受到"人在林间行，宛如画中游"的美妙。

"宜工则工、宜农则农、宜游则游、宜种则种、宜养则养"是喀喇沁旗新农村建设的基本原则。

马鞍山村、雷营子村依托丰厚的人文资源和自然资源，发展乡村旅游，助推农民致富。马鞍山农家乐户，年均收入都超过15万元；雷营子旅游业产生的经济效益，使84%的贫困户摘下贫穷的帽子。

喀喇沁旗西桥镇雷营子村农家乐

农村合作社

上瓦房村一排排塑料大棚在绿树环绕中夺人眼目。千亩硬果番茄基地和蔬菜基地充满了生机和活力。这里有全旗最大的蔬菜交易市场，每到收获季节，外地客商纷至沓来，旅店、饭店爆满；菜地里、市场内车来人往，一派繁忙。

小牛群镇南台子60亩灵芝种植基地，以棚栽的方式种植优质灵芝，每亩年均收入20多万元。

"靠山吃山，靠水吃水"的美林镇农民，每年采摘蘑菇、榛子和山野菜，就可得到非常丰厚的收入。

惠民工程把温暖送到家

危房改造，是喀喇沁旗的重要民生工程，截至2016年，全旗完成建造新房和危土房改造25663户；建成5处移民安置区，搬迁群众3500人：要买东西有超市，要看书有书屋；用的是智能手机，看的是数字电视；取暖有煤补、种地有粮补、栽树有林补、上学有"两免一补"，买家电和农资还有综合补贴；孤寡老人有福利院、敬老院；特困户、五保户享受精准扶贫和医保低保；唱歌跳舞扭秧歌，不单单是正月里的事了，村民活动广场经常是锣鼓铿锵彩扇飞舞；昔日低矮的土墙都变成了整齐的砖墙、漂亮的"文化墙"；"十星级文明户""美丽庭院"，如雨后春笋不断涌现……

美林镇移民新村

农民吃上了自流水

喀喇沁旗一项又一项事关老百姓切身利益的社会事业，在发展中得到加强与完善，全旗35万各族群众正快乐地享受着改革发展、惠民政策的成果，老百姓生活的幸福指数正得以不断提升。

琳琅满目的乡村超市

交通网络四通八达

喀喇沁旗是进入京畿的交通要道，也是内蒙古出海的最便捷通道之一。赤峰玉龙机场坐落在喀喇沁旗境内。赤锦、赤沈、京通铁路和国省 G206、G306 线、大（庆）广（广州）公路穿境而过，赤峰至大板、赤峰至通辽、赤峰至朝阳、赤峰至承德高速公路在辖区内交汇。

喀喇沁旗目前已经形成了由 G45 线、G16 线、G306 线、赤凌一级公路、S206 线、S513 线等高等级公路为骨架，锦南线、陈碾线、平锦线等县乡公路为脉络，通村通组公路交错互通、驰骋千里的立体交通运输格局。全旗公路总里程已达到 1406.7

玉龙新机场路

省道 206 线

271

公里。乡镇街道行政村通油路（水泥路）硬化率达100%，公路网密度达到了46.1%。

城镇风景分外美

锦山小城，是一座山城，也是一座水城。南山北岭翠峰叠嶂，锡伯河水穿城而过。

几十年前，锦山主街是一条长不到二里、宽不过两丈的沙土马路。而今，一道道宽阔的公路，一条条整齐的街道，一座座坚固的桥梁，以锡伯河为轴线，形成了"三横七纵一环"的城镇主体框架，公路边绿树成荫，花草葱茏。风格各异的路灯随路延伸，五座公路大桥、两座艺术廊桥，如七道彩虹凌驾于锡伯河上，把小城河南河北连接成交通顺畅、四通八达的整体。样式繁多的汽车在交警和红绿灯的指挥下穿梭来往，顺畅通达，像一条彩色的河在路上桥上流动。

每到夜幕降临，街灯璀璨，霓虹闪烁，把整个小城装扮得五彩斑斓、流光溢彩。街道像镶嵌了串串美丽的珍珠，过路行人的身上仿佛

滨河景观带——锦山大桥

光明之路

都披上了漂亮的彩衣。

铺开幸福路千条

　　村路硬化是农村最抢眼的一道风景。千百年来祖祖辈辈走过的"雨后两脚泥、风起一身土"的土路、砂石路，变成了平展宽阔的沥青水泥路；从前过沟过河、赤足淌水或走搭石木板的日子，随着座座钢筋

通太沟梁水泥路

美林通村水泥路

水泥桥的架设而一去不复返了。

密如蛛网的沥青水泥路通向每一个村落，每一家农户，每一条胡同。很多村庄安装了城里才有的太阳能路灯。每到夜晚，路灯与星星交相辉映，照亮了村庄，更照亮了人心。路边、胡同铺设方砖、种花栽树，洁净美观。

目前，喀喇沁旗街巷硬化工程覆盖了全旗 11 个乡镇、街道，全旗 9 条翻山越岭路段及 130.4 公里通村公路全面贯通。全旗农村公路沿线标志、标线、护栏、里程碑、轮廓标等都进行了更换和重新粉刷，新安装安全标志 1319 块，指路标志 629 块，修建应急停车带 10 处，并

马鞍山回头弯道

在事故多发路段、潜在危险路段、穿越学校、村庄、集镇路段设置限速标志和警告标志。

在保障全旗各等级道路安全、畅通的前提下，不断加大力度打造靓美的公路出行环境，开展公路沿线人居

锦山西互通

大广高速公路四十家子段

环境卫生治理工作，在可绿化路段以绿色植物合理覆盖公路两侧边坡、公路用地范围内的一切可绿化的空地，合理种植各种花卉，并采取了点、线、面等多方位、多层次、多品种绿化模式。截至目前，所有县道、乡道及部分村道完成了主体式绿化。坚持人工造景与自然景观相结合，以展示其原野风光美，目前保存率达 85% 以上，基本实现农村公路的"畅、安、洁、

大广高速公路旺业店段

美、绿"，全面提升了喀喇沁旗公路
生态建设环境。

旅游行业欣欣向荣

喀喇沁旗历史悠久，山川秀美，景观众多。这里有中国最大、保存最完好的蒙古族亲王府，有康熙题诗赐宝的千年古刹龙泉寺，有被赞为"内蒙古敦煌莫高窟"的遮盖山石窟，有华北地区罕见的地质奇观月牙山溶洞，有古松、奇峰、云海、清泉堪称四绝的"塞外黄山"——马鞍山，有"天然氧吧"之谓、避暑胜地之称的茅荆坝，有"天上人间"之美誉的世外桃源美林谷，有被誉为"东方雪源圣地"的亚洲最大滑雪场——美林谷滑雪场，有清澄如练、蜿蜒似带的母亲河锡伯河、老哈河，有气势恢宏的市政广场、市民广场，有造型独特的艺术中心、体育中心，有景色宜人的湖滨公园、水上公园……

喀喇沁百公里文化旅游产业带示意图

百公里产业带开工仪式

喀喇沁正以其独特的风采、独具的魅力，成为名闻遐迩的塞北旅游胜地。走进喀喇沁，你能领略一种自然的神奇与壮美，你能体验一种文化的博大与精深，你能感受一

月牙山溶洞

种心灵的豁达与自由。

近年来，喀喇沁旗依托丰富的生态自然景观、人文历史资源和产业基础优势，打造以王府为核心，以美林谷为龙头，以乡村旅游和冬季冰雪为特色，沿赤承高速公路两侧、锡伯河两岸，建设南接承德、北京，北接赤峰草原的赤茅百公里文化旅游产业带，已初步形成了美林运动养生板块、王府人文自然休闲板块、锦山商旅居住板块、牛家营子生态服务板块、和美文化产业

美林谷滑雪场

板块五大旅游板块，构建了以线串点、以点带面、串珠式龙形旅游产业体系。

　　既体现中国园林艺术风格，又突显现代建筑特色的锦山市民文化广场，融入了传统文化与现代文明；穿城而过的锡伯河水上公园中建有

颇有立体感的仿古画廊；湖滨体育中心的人工月牙湖水面倒映着展翅欲飞的体育中心大厦……这些都是人们意欲前往、流连忘返的美景。

　　喀喇沁旗依托得天独厚的区位优势、通畅便捷的交通条件、独具特色的种养殖业，立足生态观光、

农事体验、休闲运动、养生度假，全力推动乡村旅游发展。

　　一幅幅色彩艳丽的优美画卷在这里铺展，一幕幕气息浓郁的乡村风情在这里演绎。旅游业的强劲发展，吸引八方游客纷纷至，赢得四面财源滚滚来。目前，全旗共发展乡村旅游经营单位43家，打造了万亩中药材基地、万亩硬果番茄产业基地、万亩山葡萄基地，初步形成了以马鞍山红酒庄园、龙头山庄、锡伯河漂流度假村、王府蒙古族民俗文化、楼子店地质奇观等各具特色的乡村旅游产品。雷家营子、马

茅荆坝秋韵

鞍山、美林等6个村被国家旅游局
等七部委列为全国乡村旅游扶贫重
点村。

　　截至目前，全旗现有可供开发
的旅游资源44处，已建成开放景区

（点）29家，其中A级景区2家（亲
王府4A、马鞍山3A）、休闲农业与
乡村旅游示范点1家（马鞍山红酒
庄园）、工农业旅游观光点11家、
城镇景观10处；现有宾馆饭店615

红酒庄园

参观者络绎不绝

家、床位 3800 张、餐位 11875 个、纪念品商店 25 家、旅行社 2 家、导览图 7 块、停车场 350 个、厕所 913 座、垃圾箱 1779 个、道路指示标识 15 个、旅游直接就业人员 2360 人、间接就业人员 1.6 万人。2014 年，全旗累积接待国内外游客 67.6 万人次，实现旅游收入 8 亿多元。2015 年，加强了重点旅游景区的规划、建设和管理服务，美林谷、马鞍山、

马鞍山风景区

冰雪童话世界

人行景观桥内景

王爷府、龙泉寺等旅游区接待服务水平提档升级，美林村、马鞍山村、雷家营子村入选中国乡村旅游模范村名录。全年接待游客74.8万人次，实现旅游收入9亿元。2016年旅游收入超过10亿元。

走进锦绣山河内，便入诗情画意中。徜徉在喀喇沁旗的青山绿水间，你就能与美丽同行、与快乐同行、与幸福同行。

民间传说

HUASHUONEIMENGGUkalaqinqi

民 间 传 说

MINJIANCHUANSHUO

　　一个地区的传说和故事，是当地历史文化与民族风情的侧面反映。喀喇沁地区历史文化悠久，历史传说与民间故事内容丰富，寓意深刻，多姿多彩。

"独立城" 地名的由来

　　"独立城"是喀喇沁旗十家满族乡长皋村的一个自然村，一共五六十户人家，村里以李、董、张、赵四大姓为主，还有于、姜、王、萧、苏几个零散小姓，都是后搬来的。多少年来村里人相依为命，和睦相处，过着日出而作、日落而息的普通生活。问他们这个地方为什么叫"独立城"，都说：不知道。

　　据《喀喇沁旗地名》志记载："独立城"这个地名，是因村子建在一古城遗址上而得名。但这古城是哪个朝代的，什么级别的，怎么消失的，都无法考证。

　　独立城地理位置十分重要。首先，它在郎营子、十家河川和长皋河川的汇合处，这里地势平坦，土肥水浅，背依长皋北山的落脚处土山，南面和北面都是绵延起伏的七老图山脉分支，是东西通道的必经

之路。现有平锦公路从村边通过；赤凌一级路、平双公路距村子也只有 1.5 公里远。据考证，据今 1000 多年的辽朝从上京到中京的驿站就在这里。后来元、明、清一直沿用，可以说这里是古今交通要道。

　　其次，这里离明安山仅 3 里，离燕长城 3 里，距辽代恩州仅 30 里，距辽中京仅百十里，距辽代耶律琮墓也才 40 余里，往北过铁匠炉梁去辽代松州仅 70 里。很多迹象表明，独立城与这些古代遗址也都有着密切联系。

　　独立城地下先后出土了很多文物。有一把 6 寸多高、直径 3 寸多，敞口、细脖、肚子大、蓝花、黄白底的酒壶，一个黄绿琉璃龙头饰，以及一些琉璃瓦、蓝砖……据喀喇沁旗文化馆的人说，这些东西属辽、元时期的文物。

　　距独立城一里多地的后梁上有

一疙瘩山，这个小山平地突起，山上长满疙瘩蒿，疙瘩山也许因此得名，但这山上有许多破砖碎瓦，还有烧缸的椸子等。

2012年春，独立城村董志找人用推土铲推地，在一米多深处，推出一个小窑洞，里边全是铜矿石，真是让人百思不得其解。这里距明安山铜洞子沟有五六里路，且全是山路，这些铜矿石是怎么弄来的，是什么年代弄来的，放在这里又干什么？上面盖了1米多深的土肯定多少有些年岁。据村里人说，现在去还能找到那个地方，还能找到铜矿石。

对于这座历史古城，人们有多种推测。

有人认为是与明安山同时期的驿站，又兼明安山的物资供应站；有人认为辽代宋使薛映说的官窖馆可能就设在这里，因明安山上有明显的辽代建筑，所用的白灰就是在这里监制烧出来的，这里距恩州仅30里，恩州四周没有白灰烧制窑场，用料可能也出自这里。从李子云家老房身发现的白灰可以证明这里的人们早就烧制使用白灰了。这里距宁城县小城子东白音套海（辽代临都馆所在地）约40里路，距赤峰70里，走中窑北沟过铁匠炉梁到红山区文钟镇柳条沟村大营子仅30里，也符合薛映、陈襄所说的里程。

有人认为独立城也可能是辽代皇族头下州私城。我们知道，耶律琮墓碑文中，有"马盂山庄主首李琼美"字样。那么马盂山究竟在哪儿，众说纷纭。有说马鞍山就是辽代马盂山，但马鞍山周围找不出一件辽代文物，光凭地名相似也说服不了。从史书资料看，马盂山有两处，上京道、中京道各有一处；中京道马盂山，史料记载又有多处。史料又记载，马盂山是汉名，蒙古名又叫永安山、明安山，那就是说现在的明安山极有可能是辽代中京道马盂山范畴。独立城又地势平坦，地理位置重要，作为皇族高官的头下州私城是极有可能的。不管是什么性质的城，都与明安山有密切联系。

不管怎么说，独立城是很神秘的。有那么多历史文物，到底是哪个时期的古城，还有多少文物埋在地下，都是个谜，这个神秘的面纱有待专家学者去揭开。（汪景隆搜集整理）

难老泉

从前，有这么一家人，儿子常年在外务工，家中只有婆婆、媳妇和小姑。婆婆很刁钻，小姑也好吃懒做，家里所有的活计都是媳妇一个人承担着。媳妇很贤惠，每天任劳任怨、嘘寒问暖伺候婆婆，冬棉夏单地养活婆婆和小姑，自己却粗茶淡饭，破衣烂衫。就这样，婆婆还不满意，媳妇过门三年了，一次娘家都没让回过。即使这样，婆婆还无事生非地百般刁难，稍不顺心，就对媳妇又打又骂，甚是狠毒。

家里最重的活就是挑水了，水井离家远，挑一担水要用大半天，媳妇每天辛苦地往返在家里通往水井的山路上。

在一个三伏天，天儿热得透不过气来，媳妇忙了一上午的农活，下午才去挑水，回来的时候，天已经快黑了。路走得很急，只顾低头前行，不知什么时候从对面走来一位白发苍苍的老人。老人牵着一匹马，那匹马已经渴到了极点，它看到桶里的水，任凭老人怎么拉也不走了。媳妇放下水桶，犹豫了一下说："就让它喝一口吧。"马儿便"咕咚咕咚"，一桶水被喝干了，可那马还不走，眼睛盯着另外一桶水。

媳妇不敢让它喝了，剩下这一桶水，明天一家人用都不宽裕，天又黑了，不能重新去挑了，怎么办呢？老人看穿了她的心思，就说："你就把另一桶水也让我的马喝了吧，我咋也得赶路啊。"媳妇犯难了，但还是把水桶递了过去，马痛快地又喝光了一桶水，媳妇说："马儿啊，这下不渴了吧，快和老人家一起赶路吧。"说完赶紧挑起水桶，

转回身又向水井的方向走去。

老人叫住了她："善良的人啊，为了答谢你，我这只马鞭子就送给你了，你拿回去，没水的时候照着水缸一抽，水就满了！不过善恶自有因果，这件事情只能你一人知道，不可说与他人。"媳妇半信半疑地接过了马鞭子。回家一试，果真灵验！从此，她再也不用去那么远的地方挑水了！

后来，婆婆和小姑发现了这个秘密，婆婆就对媳妇说："你来我家三年多了，也没回过娘家，今天你回去看看吧。"媳妇很高兴，收拾了一下就走了。婆婆迫不及待地拿起了那只马鞭子，照着水缸猛抽了几下，水哗哗地流出来了，婆婆张牙舞爪，兴奋地又抽了几下，那水是越流越多，越流越猛，没有一点停下的意思，婆婆被冲走了，坐在炕上睡懒觉的小姑也被冲走了，房子被冲塌了，可是那清水还是从水缸里源源不断地往外涌着。

媳妇在娘家正梳头着，就听有人报信，说婆婆和小姑都被大水冲走了，房子也塌了。她来不及扎头，拿起桌上的红头绳便向婆家跑去。到跟前一看，也不知怎么办才好了，便一屁股坐在了水缸上，刚坐上去就立刻变成了一尊俊眉秀眼的少妇石像，嘴里还叼着大辫子的辫梢儿，

手里拿着一根红头绳，屁股下面，是流淌不断的清清泉水。

从此，这里的水再也没枯竭过，人们为了纪念这位美丽善良的媳妇，便把这里命名为"难老泉"，意寓不老的泉水，不老的美丽。（厉艳秋搜集整理）

敖包甸子的传说

大牛群村西南方向约 30 里的地方，就是烧锅营子村，村南面有一座高高的山峰。从沟趟子攀援而上，穿过原始次生密林，登上海拔 1650 米左右的高度，便可以到达山顶了。山顶上是一片地势平缓的大草甸子，方圆大约有 6000 多亩，简直就是一片高山上的草原。偏西南角上高包处赫然堆着一个硕大的敖包。所谓敖包甸子山，应该就是以这敖包和

这高山湿地的草甸子而得名的。

传说这敖包甸子的山顶，最早并不是这样的平坦、宽阔，而是山峰耸立、沟壑纵横，树木参天、泉水喷涌。之所以变成现在这样，当地还流传着一个传奇故事呢。

相传沙陀国国王李克用在现在的宁城黑里河川遇见一个小孩力大惊人，拳打老虎如同儿戏一般，便将其收为义子，封为太保，也就是沙陀国李晋王的第十三个太保，在那里留下了打虎石的传说。

十三太保中，数排名最后的十三太保李存孝最厉害。他武艺高强，力大无穷，书上记载称他骁勇冠绝，未尝挫败。李克用得到李存孝这员猛将之后，对他非常宠爱，这便引起了其他十二个太保的嫉妒。

李存孝画像

其中最为厉害的就是李存孝的四哥李存信。在李存孝尚未投奔李克用的时候，李存信倍受李克用宠爱。然而，随着李存孝的到来，原先受宠的李存信发现自己失宠了，故而在十分失落的心情下，对李存孝产生了强烈的仇恨。

但是，李存信表面上对李存孝表现得特别友好，十分殷勤。当李晋王移兵向北，来到这牛头沟川一带驻扎的时候，李存信向父王建议：十三兄弟之中唯有老兄弟存孝最是武艺高强，现在正是军队休整时期，可否让三军将士亲眼观赏一下他的神功，倘能与我们兄弟们轮流切磋一二，最好不过了。

李晋王当时因为收了李存孝，使自己的实力大为增强，心里特别高兴，并不清楚李存信的险恶用心，就采纳李存信的建议，当即下令十三太保比武献艺、一展雄风。

比武大会这天，李晋王立于西南角山峰之巅，观看十三个儿子之间的车轮大战。比赛原则是一局定胜负，最后胜利者得到最高奖赏。

李存信撺掇李存孝第一个出场，并向众位哥哥挑战，用意是，你李存孝不是厉害吗？我们十二个人轮流对付你，好虎架不住一群狼，即使打不死也能把你累死！谁想到，那李存孝年轻气盛，心高气傲，自

恃武艺高强，根本就不把这比武当回事儿，毫不犹豫地允诺了四哥的建议，丝毫没有谦让，径自抢先跳出队伍，站在一簇石碴子尖上，向众位兄长逐一单独挑战。

一看李存孝如此狂傲，不但李存信心头火起，那其余的十一个哥哥也都怒气上升，各自都暗下决心要教训教训这个目中无人的老兄弟。

要知道，李存孝确实厉害，但是他那十二位兄长也都不是等闲寻常之辈。他们很早就追随李晋王南征北战、东挡西杀，个个都是身经百战的武功高手。虽然他们见识了李存孝轻轻松松抛出巨石打死猛虎的壮举，到底没有与之交手过招，心里当然并不十分服气。现在，李存孝站出来与他们叫板，有谁不想扳倒他，在父王和三军将士面前风光一把？

众太保都知道李存孝力大无穷，谁也不敢和他正面对抗较劲，比如脚对脚地对踢，拳对拳地对打，都盘算着怎样借力打力，用"四两拨千斤"的办法侥幸取胜。于是，从大太保上场开始，山顶上上演的就是追逐逃避、闪展腾挪的画面。

这李存孝心存厚道，对自己的所有兄长都是手下留情、脚下容空，根本没有刻意伤人的意思。尽管这样，那比武场上也是一派惊心动魄

的景象。只见那李存孝看见对手跳在石砬子上时，一个飞脚踹过去的时候，石砬子上的对手赶紧纵身逃窜，可是李存孝的脚却收不回来了，紧接着就是一阵"轰隆"之声，石砬子被削平了。对手一看侥幸逃命了，怎敢再来对阵？还有的对手飞奔到李存孝跟前，迅速出手偷袭成功侥幸击打他一拳之后，哪敢有半点停留的时间，便飞速闪身逃离，怎料到这一击对李存孝是不疼不痒，毫无成效，却见他转身一个扫堂腿，虽然没有扫到对手，可是攻击带起的飓风也把那人甩出老远，摔他一个大跟头，再一看，李存孝扫堂腿所过之处，山包被铲平了。还有那李存孝铁拳击打之处，山岩粉碎成末；脚踩在山包之上的瞬间，山包变成平地。

就这样，十二场比武下来，原来峰峦起伏不平的山顶便被夷为一片平地了。李晋王一看李存孝有如此武艺和神力，取得了最后的胜利，就在西南角上为李存孝披红挂彩，赐酒三杯。之所以以后的比赛场合都以杯为奖品，就是从那时候开始的。

从那以后，这里便成为一片高山甸子。后来，喀喇沁右旗王爷每年的七月十五都要在这里祭敖包，召开那达慕大会，举行摔跤、射箭、赛马活动。

一般说来，蒙古族人堆敖包，最多可以一起堆十三个敖包。据说，这就有纪念十三太保的含义。这中间最大的敖包，代表的就是李存孝，当然是因为他武功最高。古人也有"王不过霸，将不过李"的定论，指的就是，当过皇上、称王的那些人们，没一个可以超过楚霸王项羽的；作为大将，从古到今，还没有超过李存孝的。

这里之所以只安放了一个敖包，就是因为李存孝一个人取得了比武的胜利。敖包甸子的名称也就是从那时候开始的。

后来，李存孝到底还是被四哥李存信给害死了，但和敖包甸子没有什么关系了。（白文林、国占云搜集整理）

兴隆庄好汉

在早先，兴隆庄村的名字不叫兴隆庄。因为位置在马架子（乃林村的旧名字）西南方向，人们都叫这里西南营子，也没有郑重其事地起个村名。是什么时候改名叫兴隆庄的？这里还有一个传奇故事呢。

在村西十几里远的坤兑河北岸山上，有一座不知是什么年代废弃的古山城。古城山脚下是贯穿东西的交通要道。道旁有一个巨大的广口山洞，能容纳几十人避风遮雨，常有许多无家可归，以流浪乞讨为生、俗称为"叫花子"的人在这里栖身。故而，当地人就把这个山洞称之为"花子洞"，把这山称作"花子洞山"。

由于"花子洞"便于隐蔽，过往的行人客商只有走到近处时才可以察看洞中是否有人，故而，常有拦路抢劫的强盗藏在山洞之中，等待过往的行商路人走到洞口前面时，凶神恶煞一般手持刀枪突然冲出来，把被劫之人的财物洗劫一空。等到了清朝晚期年间，普天下那更是风云四起，大清朝廷摇摇欲坠，小皇帝惶惶不可终日，于是，天下大乱，盗匪四起。不知具体是哪一年，这花子洞山上的古城旧址上来了一群山寇，他们安营扎寨，扯旗称王。

按常理来说，"兔子不吃窝边草"，土匪是不应该骚扰方圆几十里以内的村民的。可花子洞山上的这伙强盗并不按常规出牌。有一天，马架子西南营子村里突然来了一群马贼，抢走了村民们所有的骡、马、牛、驴等值钱和赖以活命的家畜。一时间，全村人叫苦连天，家家愁云密布。

那时候，村里有个叫邢龙的村民在外地投师练武，得到家里被劫的消息后，特地从外地赶回家来。这位邢龙为人豪爽，一身武功，村民敬称邢大爷。经过与村里头面人

物商议，他自告奋勇出头与土匪交涉。

这天，邢龙来到"花子洞山"土匪山寨。只见山寨内外戒备森严，刀枪林立，如临大敌。中间人带领邢龙来到议事大厅，并不见土匪头目出来会面。稍后便是中午时分，土匪头目们一起出来就座，闭口不和邢龙谈判，却假意热情款待，用活鸡、生米、生肉等食物招待邢龙，意在让邢龙知难而退。土匪们没有想到的是，那邢龙面带微笑，坐在桌前抓过活鸡，撕下鸡腿，带着鲜血大啃一通，还把生小米嚼而食之。土匪大头目见这些难不倒邢龙，仍不甘心，又命人用明晃晃的尖刀扎上一块儿肉，直接献与邢龙。那邢龙并不用手接刀食肉，而是直接张口接肉。当刀尖上的肉块送到口中的一瞬间，邢龙牙齿猛然咬住刀尖，让那献肉的土匪既不能再往口里捅进，又拔而不出。

结果，土匪们被邢爷豪气所镇，才对邢龙和中间人说出实情。

原来，土匪们初到山上扎寨之时，访得西南营子有一个武艺高强的好汉，距离山寨只有十几里地。"卧榻之下岂容他人鼾睡？"山寨眼皮子下有这样的人物存在，终究是心腹之患。如何摆平邢龙？土匪们便设计了抢劫村民家畜，逼邢龙上山

交涉的局。

最后，土匪与邢龙说定：全数退还所抢之家畜，以后互不相扰。

村民们为感谢邢爷之功，改村名为邢龙庄。土地改革后又改为兴隆庄。

从那时开始，人们就把生死不怕的人叫做是"吃生小米的"。（国占云搜集整理）

神奇的庙沟

夏季，一走进庙沟，人们就会被这里的景色深深吸引。这里的山山岭岭沟沟壑壑，到处是高高低低、深深浅浅的绿，真是一个绿色的海洋、树木的世界啊！更有那芳草茵茵，香花遍野，一望无际，令人神旷心怡。

转过山弯举目远眺，一块巨崖直立，如同刀削斧砍，拔地擎天，直插云霄，犹如耸立在蓝天白云下的碧玉屏风，有伸手可及之感；巨崖下面的古松，像位巨人，静静地矗立在那里。不难想象它是如何在朔风凛冽的环境之中，用它那顽强的意志，战胜风雪，战胜严寒，为我们展示出挺拔与高傲，坚毅与坦然的风范的。

巨崖下面有一寺庙遗址，据当地人说这座庙原名叫"隆兴寺"，这条沟和这个村子也由此而得名，即"庙沟"。那么在未修庙之前，这个村子叫什么名，也就无人知晓了。

据说隆兴寺始建于康熙年间。那是康熙三十七年（1698年）秋，康熙皇帝奉皇太后之命东巡，去盛京谒拜祖陵，特意途经喀喇沁，探

庙沟绿色

隆兴寺遗址后面的石崖

视远嫁边塞的第五女和硕端静公主，看看她的饮食起居怎样，远离皇宫来到这塞外边陲是否过得习惯。康熙皇帝从畅春园出发，跟随的皇太子和诸皇子、近亲王公大臣等就有50余人，数百人浩浩荡荡，经长途跋涉，驻跸锡伯河畔公主府，得到了喀喇沁郡王扎什、公主额驸噶勒藏热情盛大的迎驾。康熙皇帝既然来到儿女亲家之家，先要举行家宴，然后进行宫宴，康熙皇帝酒兴之余，赋诗一首，并赠金鞍银蹬御用马鞍一副，留作此行纪念。

就在康熙皇帝兴犹未尽的时候，随行的堪舆大师（风水先生）突然来报："据臣夜观天象，日看山脉走向，但见喀喇沁王府西面山沟内紫气冲天，预兆此地将有真龙出现！恳请陛下早做定夺。"

康熙皇帝闻听此事，大为震惊："此地若有真龙出现，岂不要祸乱天下，与我爱新觉罗皇室争夺江山？这怎了得！"于是，康熙立刻传旨喀喇沁郡王，按着堪舆大师的指点，速速在此沟深处的一个悬崖峭壁之下，建庙一座，全称"极乐隆兴寺"，镇压龙脉。

听说是康熙皇帝下旨建寺以后，还不放心，特地留下御前堪舆大师监工督促，直至寺庙完工，才回京复命的。

据说，当时寺院由天王殿、僧舍、东西配殿，正殿等20余间房屋组成。天王殿、东西配殿、正殿均为雕梁画栋、筒瓦覆顶、盘龙庙脊的歇山式建筑，僧舍为硬山建筑。

寺门西南侧，有云杉一株。与寺门相对约50米处，有砖塔一座，高约三米，俗称"白塔"，院内有古松两株，苍翠挺拔。寺东有一小院，是早年高孟葛根活佛的宿舍。其房均为砖瓦结构，前有一小砖门楼；前院正房三间，后院正房三间，东西厢房各三间。该寺距今约二百余年，兴盛时期有喇嘛20余人。"文革"时期"破四旧立四新"，院内房屋遭到毁灭性的破坏，塑像荡然无存。村干部指派社员用拆庙的砖瓦，盖了三间东厢房，作为村治山队干活休息吃饭之用。目前尚存的只有两颗历经百年沧桑的古松和寺庙的遗址，在这里为"隆兴寺"的兴衰作证。

（王玉林搜集整理）

大碾子的由来

牛家营子镇有一个村名叫大碾子村，在镇政府东北五公里锡伯河东岸。全村有九个自然村，其中两个自然村都以大碾子命名，一是东大碾子，一是西大碾子。说起这两个自然村为什么以大碾子作为村名，这里还有许多传说呢。

那是清朝嘉庆年间，土城子村有一个25岁的郭春早进京赶考，考中拔贡。到他五十几岁的时候，他家的日子就富裕了。他家到底有多少地，谁也说不清楚。有一个笑话就是说郭拔贡家的地是如何的多的——

说是有几个要饭的来到郭拔贡家门口，只听院里有人说："要饭的太多了，咱们别管了。"接着，又听有人说："管吧，要饭的吃饱了，拉屎也得拉到咱们家的地里。"这话说得口气太大，让要饭的心里不服。他们在郭拔贡家吃饱饭之后，商量好：我们拉屎就不往他们家的地里拉！于是，他们几个就结伴故意远远地走。走了几十里路之后，有人就有了便意了，就问路旁的行人："这路两旁是谁的地？"路人回答说："是郭拔贡家的地。"几个要饭的一听，齐声说："不拉！"又走了几十里，一问还是郭拔贡家的地，他们互相瞅了一眼，说："再走！"又走了十几里，再问，还是郭拔贡家的地。最后又走了几里路之后，几个人忍无可忍了，也顾不上打听是谁家的地了，进地就拉。拉完之后，出来问过往行人，行人告诉说："这是郭拔贡家的地。"

地多，打的粮食自然就多。郭拔贡为了储存和加工粮食，就在现在的大碾子村这地儿（当时还叫白家营子的地方），建起了一个大粮窖，安了一盘大碾子。这大碾子有多大？碾轱辘长有八、九尺，直径差不多有五尺，碾框是将近二尺见方的红松木组合而成，碾棍长约一丈出头，直径将近一尺，分明就是一根粗檩子，碾盘由八块大石头拼接而成，直径有两丈一尺多，十几个石匠干了半年才把这盘大碾子凿打组合成功。加工的时候，一次需要一石二斗（将近1000斤）的粮食才能把碾盘铺开，10个小伙子才能把碾轱辘勉强推动，加工粮食时得一个碾棍套双套，四匹大马才能拉动碾子碾米压面。

相传，有一次朝廷催着要军粮，八匹大马轮换着拉碾子，不到一天，就累死了两匹马。

从打有了这盘大碾子，这营子就不叫白家营子，而改名叫大"碾子"了。

后来，这里遭遇了百年不遇的大洪水，村庄房屋被毁，大碾子也遭受到了一定的损坏。郭拔贡又动用了一百多人和十几匹骒马，把大碾子运到东边的于家营子。从那以后，原来的白家营子就叫西大碾子村，于家营子村也改名叫东大碾子村了。（孟庆友搜集整理）

明安山城的传说

明安山坐落在十家满族乡的北部，最高峰海拔1126.7米。山体北面斜伸下去，绵延几十里至锡伯河流域，西望是时耸时伏望不到边的七老图山脉。山南面前怀是方圆约150亩的开阔地，西山坡到处是古城墙倒坍而散落的废弃建筑巨石块，西南角凸出处是几人抬的巨石块垒成的炮台和哨卡。开阔地靠悬崖处是几层大殿的遗址，基础和柱脚石都历历在目。再往前是点将台、练兵场的旧址，破损的大方砖和彩色琉璃瓦碎片随处可见。周围山坡上还有舂米的石臼等生产生活用品。据老人说，山前怀还有一口井，井口有铁锁链通向井底，铁锁链怎么拽也拽不到头，到后来再拽多了井底就隆隆响，人们就不敢再拽了。但是，这口井现在已经找不到准确位置了。依据人们世代把这里称作明安城的说法和从残存的建筑框架来看，这里的确应该是一座古城堡遗址。这座山城地势险要，是我国古代北方通往南方京城的交通要道。现在的平双公路、平牛公路都从它的脚下通过。特别是在交通闭塞的一千多年以前，它的位置就很重要，可以说是漠北各部族南进的咽喉要道。

相传这座古城堡建于唐朝末年。当时李克用因镇压黄巢起义有功，被唐僖宗任命为河东节度使，后来又被封为晋王。整个黄河以东（今山西大部和内蒙古南部）大片地区都被他管辖，他成了这个地区实力最雄厚武装力量的首领。晋王为了巩固自己的势力，防止北方其他少数民族南下，就在现在的宁城大明

明安山城遗址

构筑了城池，并派达女（被晋王收服的当地少数民族首领）驻守。又派自己的妹妹李玲镇守明安山城，在山上不但构筑了哨卡、炮台，还仿照宫廷样式建筑了宫殿。双方约定，一旦发现敌情，明安山哨卡便点燃狼烟报警。原来，这明安山虽不比周围的山峰高多少，但是位置最佳，能串空，在宁城大明可以直接看到此山。同一道理，每当天空晴朗时分，站在明安山上也可以看到宁城大明塔。据说，在大明发兵，大半天时间即可到达这里。

却说晋王妹妹李玲自幼跟随哥哥李克用饱读诗书，文武双全，也是东挡西杀，亲临战场，经历了许多战事的。但是，她还从没自己独当一面过。现在被委以重任，镇守一方，深感责任重大，很是认真。开始时，她觉得很新鲜，每日除了操练兵马就是研读兵书，堪称恪尽职守。这样过了一段平安无事的时光后，她在日复一日，月复一月，年复一年的长时间消磨中，渐渐觉得十分枯燥无味，自己的亲人又不在跟前，不免又思念起亲人来。正应了"生于忧患，死于安乐"这句名言，李玲在百无聊赖之时，猛然想起，哥哥说过，遇到敌情点燃狼烟墩，救兵就可到来，也不知道这法子灵不灵？如果这法子好使的话，则可见到哥哥的面了。于是，她就命令小校点着了狼烟墩，只见一股白烟直冲云霄，风吹不倒吹不散。李玲一看这狼烟真不一般，又有些后怕，她深知军中不能有戏言，也知道后果。但又一想，山城地势险要，易守难攻，自己来了几年也没发现周围有什么敌情，再说离大明这么近，一旦有了战事，援兵救援也是来得及的。

却说大明城的哨兵看到明安山城有狼烟点起，马上报告给达女。恰逢晋王也正好在此，马上点起人马，火速向明安山进发。半天多点的时间，大明的兵马便到了。李玲带领山城人马下山迎接晋王。晋王问起妹妹敌情一事。李玲解释说是狼粪捡来时间长了，怕不能用，想试试就点着了，谁想还真行。晋王听了很气愤，说："你怎么拿山城当儿戏，以后真发现敌情怎么办？"李玲说："妹妹已知道错了，请哥哥处罚。"晋王见李玲妹妹已承认错误，又顿生怜悯之心，觉得妹妹也不容易，一个女孩家远离亲人独当一面已属难得，也就不忍心处罚了。但表面上还说："这次虽不处罚，但要记在账上。你得将功补过，认真把守，不可掉以轻心，如果下次再有违反，决不看兄妹之情，重罚不饶！"接着晋王又仔细查看了山城的防御情况，指点一番，李玲都一一记在心上。晋王住了两天，就回大明去了。晋王走后，李玲又指挥兵士在大殿后的半山腰凿一山洞，以备急用。这样，又平安地过了几年。

却说唐僖宗年间，黄巢起义军里有个叫朱温的，被黄巢派作同州（今陕西省大荔县）防御使，后来投降了朝廷，被任命担任宣武节度使，坐镇大梁（今河南开封市），改名朱全忠。到昭宗年间，朱全忠又帮昭宗除掉了称霸多年的朝中四大宦官，被封为东平王。后又加封为梁王。这时的朱全忠已不满足现有的地位，开始精心策划称帝一事。他指使手下人先后杀死了昭宗左右的官员，又于天祐年间向唐昭宗提出把京城从长安迁到洛阳。进入洛阳以后，朱全忠便派心腹将领，占据了京城和皇宫里外的一切军事要职。这年八月的一天晚上，朱全忠的亲信蒋玄晖带了史太等一百多个军士杀了唐昭宗，让十三岁的李柷即皇帝位，就是唐昭宣帝。

昭宣帝天祐四年二月，在朱全忠的授意下，朝廷大臣联名奏请唐昭宣帝让位，向朱全忠"禅位"，改国号叫梁，以大梁为国都，自己改名叫朱晃。

朱全忠虽然灭唐建梁，可有些藩镇头领不承认他。特别是晋王发誓与朱全忠不共戴天。朱全忠也恨不得一下子灭掉晋王，想方设法寻找一切机会削弱晋王的势力。于是，便派他的亲信蒋玄晖时刻注意晋王的动向。结果，机会终于来了。晋王妹妹李玲谎报军情一事传到了朱全忠的亲信耳中。蒋玄晖一面把情报报告给朱全忠，一面加紧操练人马，打造攻城土炮等各种器械。一切准备停当，朱全忠也传下了命令，准他乘机拔掉明安山城。

蒋玄晖他们绕过大明，派兵堵住了明安山城通往大明的路，然后包围了明安山城。

话说晋王妹妹李玲正在大厅里读书，忽有小校来报，称有敌兵来犯，已包围了山城。李玲闻讯马上领人走出大厅，一面指挥防御迎敌，一面派人点狼烟报警。李玲心想：这山城地势险要，易守难攻，只要能支撑大半天，援兵就可到达。所以，她并不十分担心，信心十足地在山城上巡查，鼓励士兵严密防守。

却说大明城里，晋王这几天正同达女外出打猎，岗哨士兵早已发现明安山城有狼烟报警，但主帅不在家，谁也不敢派兵，等黄昏以后达女才回来，听了汇报，因有上次谎报军情的教训，便迟疑了一阵，才下令点兵马驰援。就这样，时间上也晚了半天多。

朱全忠的亲信蒋玄晖带兵攻城，只图速决，目的是拔掉这个钉子，报复晋王。他们攻了半天，不见效果，又怕大明援兵来到，就把打造的土炮推到城下，对准西炮台猛轰。只

见火光一片，西炮台被轰塌一大截，砌筑炮台的大块石头纷纷滚落下来，将攻城的士兵砸死了若干。晋王的妹妹李玲在城上组织防守，心中算计着时间，但是左等右等也不见援兵到来，知道是上次谎报军情造成了误会，心中懊悔不已。又过了一阵，见西炮台已被轰塌了一大截，城上已是一片大火。她性情刚烈，宁折不弯，眼看山城不保，援兵又无消息，就决心宁死也不让敌人得逞。她下令将金银细软转移到大洞，然后下令放火烧山。等攻城的敌兵冲上山城时，这里已是一片火海，只见风助火势，火助风声，烈焰滚滚，火光烟雾中找不到一个人影。敌兵虽然达到了破城的目的，但有价值的东西却什么也没得到，就扫兴地撤兵了。

等到大明的兵马进发到恩州（今西桥地区）时，就已经看到了明安山城的火光，便越发快马加鞭，火速驰援。可是到了山脚下，山城里的大火已经烧得红了天，救援的兵马已经不能近前了。这大火一直烧了两天两夜后，才慢慢被熄灭。晋王上山来，顿足痛哭，悔不该出去打猎，耽误了发兵。本想找到李玲的尸体带回去安葬，可什么也没找到，晋王只能抱着遗憾回到了大明城。晋王晚年临终前将儿子叫到跟

前，嘱咐三件事，其中一件就是要消灭朱全忠，报仇雪恨。他的儿子后来也确实是实现了他的这一遗愿。

那么，晋王的妹妹李玲同山城的士兵到底怎样了呢？后人说法不一。有人说，明安山半山腰有一大洞。以前，李玲就派人打凿一洞，结果凿通了地河。破城时，人都从地河走了。还有人说，李玲生性刚烈，一看山城不保，就和士兵们一起以身殉城，葬身火海了。人们还说李玲为了报答当地百姓的恩情，埋了九缸十八锅金银，不在前坡就在后坡。不管哪种说法，明安山城前怀刀削似的峭壁中间，有一大洞却是真的，外部也的确有人工开凿的痕迹。

这个洞口朝南，斜着向北扎去，深不可测。关于这个大洞，还有许多传说。有的说洞里有妖怪；有的说洞里住着千年蟒蛇。但是没有人亲眼见过，也没人敢下洞探过。传说明安山脚下几个邻村的羊倌凑到一起，推选了一个胆子大的人，举着松明火把下去了，其余人在洞口等着，等了两个多时辰，这个探险的羊倌才摸索着上来。火把早已熄灭，人也精神失常，一会儿明白，一会儿糊涂，一会儿说在洞里见到了妖精，一会儿又说见到阎罗。其他羊倌只得替他把羊圈在一起，送回。此后，这个羊倌一蹶不起，整

日胡念八说，有时候晚上明明睡在屋里，亮天时却在村外大石板上。这样维持了几个月，羊倌在一个夜晚死去了。从此，更没人敢去这个洞了。

又是多少年过去了，一个夏天，突然，乌云密布，电闪雷鸣，只听"咔嚓"一声巨响，一个霹雷将大洞上面的峭壁劈下一大面子，巨石正好盖在这个洞口上，把大洞给堵上了。到现在，去那里观察，不管是远看，还是近瞧，那被雷劈下来的巨大石块，堵上山洞的痕迹还非常清楚。人们说，这是老天爷怕人们再去大洞而堵上的。

现在，山还在，大殿、大厅、炮台的轮廓都还历历在目。山前怀已长满了没膝高的蒿草。夏季，一两个人是不敢轻易上山的，因乱石堆垒，多有蛇蝎出没，让人望而生畏。只有春天，人们去那里采一些哈喇海（一种山野菜），或在端午节时，人们结伴上山，去山城旧址登高远望，谈论关于这里发生过的古老传说。人们没有忘记晋王的妹妹，每年的正月十五元宵节都要到山城撒灯，以寄托人们的思念。至于九缸十八锅的金银在哪儿，谁也不知道，一方水土养一方人，却是不错的。明安山脚下的人们也确实因山而富足了。原来，明安山四周全是石灰石，

人们在周围建起了水泥厂、白灰厂，支撑着方圆几百里的城乡建设。就这样，人们烧水泥、烧白灰、采石、跑运输也都实现了小康。这也可能就是李玲恩赐人们的九缸十八锅金银吧！（汪景隆搜集整理）

裁缝营子的由来

牛家营子镇有一个自然村，名叫"裁缝营子"，也有叫"裁坊营子"的。无论是"裁缝"也好，"裁坊"也罢，反正都与裁剪、缝纫这行有关。这是为什么呢？

传说很久以前，也就是这个地方刚开始形成村落的时候，并不叫什么"裁缝营子"或"裁坊营子"的，是因为村里来了一户神秘的人家以后，才被人们叫成现在的名字。这户人家为啥到这里来，最后还把这村的名字都给换了，这其中还有一段传说。

开始的时候，人们不知道那家神秘住户到底姓什么，主人叫什么名字。有人说是姓蔡，也有人说是姓封或冯，人们都猜测这不是真名实姓，只知道这家人男主人细皮嫩肉，什么庄稼活儿都不会干，吃不了开荒种地的苦，但是看样子也不像逃荒要饭的那样穷困。慢慢地人们发现，这家人无论男主人，还是女主人和儿女们，穿着打扮都很讲究，衣服做工也都很精致。于是便

有家里女人做不了针线活儿的求他们帮忙，他们一家人还都乐意帮忙。这样，村子里的人们一个传两个，两个传四个，四个传八个，很快全营子人都来找他们裁剪缝纫衣服，求他们绣花描云子了。开始时，人们还是请他们帮忙或者和他换工什么的，后来，就干脆给他们钱了。这家人开始时也不好意思收钱，到后来也就收些工本费以至于明码标价了。

周围十里八村的人们风闻这家裁剪缝纫手艺好，也都纷纷来这里定做服饰，他们家也就成了小作坊，一家人也就以此为业养家糊口了。于是，因为村里有裁缝，裁缝营子的名字就渐渐传开了。

有人劝他家主人：为什么不去哈达街开一家店？那家主人说什么也不去大街上去，说是那里当官的、有钱的人多，不好伺候。

后来人们才知道，这家主人原来是北京皇家供奉，专门给宫廷大内制作服饰的，因为一个不小心出了纰漏而获罪，才被赶出京城，流落此地的。（孟庆友搜集整理）

杀虎营子轶事

王爷府东北10华里处有个杀虎营子村，清朝乾隆年间建村时共40户，故有四十家子之称。

彼时，封建王公欲宣耀武功，

粉饰太平，从全旗各地抽调 40 户兄弟齐全的青壮旗民，徙居四十家子成为"昂沁"（蒙古语，意为猎民）户，专事王府打猎之用。其生活依靠蒙古租维持。王府对昂沁户订有猎租，每年每户要向王府缴纳鹿若干只，狍子若干只，狼、狐、野兔等各多少，均有定量。而获虎豹、熊等大野兽和黑狐、白狐等珍奇野兽时可受特殊奖赏，七老图山多属原始森林地带，平川多榆、杨、山上多松桦。因为森林面积大，所以野生动物很多，虎、豹、野猪、熊均属常见。四十家子昂沁户以打虎及猎大兽为主，故有杀虎营子之称。一个打虎队最少五人，多是至亲骨肉，即亲父子或兄弟，也有同姓同宗，或结拜兄弟。其原因是凡打大兽，往往野兽反扑，致伤人命，亲生骨肉能互相救护，非至亲骨肉则往往私自奔逃，即所谓"打虎亲兄弟"故也。一个打虎队左右翼各有叉手一人，称为"贴叉子"，各持长柄两股叉一只，当猛虎反扑时，"贴叉子"急上，将虎叉柄端戳地一脚踏住，双手握住叉柄将反扑猛虎支住，不使它扑倒人，然后一枪手，持长柄扎枪窜上，直刺猛虎心窝，这个人要胆大，有准，力壮，如一枪刺不死，二枪手随即又递上一枪给枪手，一枪手再刺，这时三枪手（一般为年

龄最小者承担）又递一枪给二枪手，一枪手二枪手未刺死，二枪手又递过一枪，三枪刺去，一般猛虎均可毙命，如还未死，则一枪手从小腿上拔出单叉子（匕首）上前刺瞎虎眼，这是一项最危险的行动，往往这时伤人。叉杆多是色木做的，外用牛皮板筋缠绕坚固，虎枪杆多用白蜡杆子或藤条所做，外用牛皮或鹿皮缠绕。叉杆长一丈开外。

改用火炮以后，枪手被称为炮手，除每人一只火炮外，贴叉子的两柄二股叉仍留用，遇到猛虎后贴叉子分立于一炮手左右翼，叉头一直指向猛虎，一炮手居中开枪，然后迅速将枪退下，这时二炮手又递上一枪，打完后再退下，又一支枪递上。一枪上一枪下，速度相当快。二炮手、三炮手、四炮手有的装火药，有的装单子儿（铅丸），有扣枪炮子（发火帽）的，各有分工、流水作业，只一炮手开枪。

平时杀虎武器是神物，要在佛前供奉，逢年节烧香、奠酒、磕头。

打虎队出发时，全村要举行盛大仪式。前一天要敬神诵经，是日全村老少集于村前广场，由亲友牵马，猎手披红挂彩，村民老少唱祝福歌，放炮后猎手上马，父母敬壮行酒，猎手接酒，用手指弹向天地，以示祭天祭地，然后一饮而尽。接着，

妻子或姐妹拜杀虎枪（炮），全村老少载歌载舞送打虎队入山。

打虎归来，猎民们要抬虎直奔王府，并将打虎英雄用麻辫子五花大绑押赴王府大堂，王爷亲自坐堂审问责罚打虎英雄。责猎民不该打死猛虎，因虎是山中之王，而王爷是人中之王，平民打王是以下犯上，冲了忌讳，要犯法的。所以，王爷要当堂审讯打虎将，并用鞭子抽打，不过所用的鞭子不是蟒鞭、皮鞭或绳鞭，而是用布缝成的细长口袋，里边填上棉花，这种用鞭子打人和用麻辫子捆人一样，都是做做样子。

大堂审问责打以后，送入二堂，这时才把打虎英雄待为上宾，由王爷、福晋赐宴，打虎英雄披红挂彩坐首席，王爷陪酒。宴后王爷颁发奖赏，即金银彩缎，牛马驼羊等。一场闹剧结束。

王爷收下虎皮，每逢祭敖包或其他庆典，都要拿出展示，以壮声威。
（来自《喀喇沁旗志》）

药王庙的由来

喀喇沁旗牛家营子镇有一自然村名为药王庙，得名于此地早先建有药王庙。此庙有人说始建于康熙年间，光绪年间重修。说起这座寺庙，还得从康熙说起。

三藩之乱平定之后，江南地区仍存在大量的反清势力，康熙为明察各地情况，带领几位大臣和几十名武功高强的护卫，踏上了下江南的道路。

初离京时，天气还带有几丝凉气，越往南走，天气越热，待到云南地界，已是夏日。赤日炎炎，热得人们喘不过气儿来。康熙生于北方，对此酷热实难忍耐。随行大臣都劝他停下来歇息，或干脆返京，待到秋日凉爽季节，再下江南。康熙摇摇头说："江南初安，塞外尚需安抚，此去江南之后，还须立即赶往漠南。"众臣见阻拦不住，只好由他。康熙带病而行，又走了几百里地，病痛日甚。一会儿冷，一会儿热，冷时如入寒冬冰窖，热时似卧蒸笼之中。没办法只好在一家客栈停留。因系私访，康熙等人谁也不敢暴露身份，对外只说是从漠南来的，至于别的一概不许对外言讲。

在客店养病时，文武大臣不断从四处寻求名医，无奈药不对症，病情越发沉重。众臣议论请康熙起驾回宫。康熙不以为然：京城虽有御医，但数千里漫漫长途，等回到京师，恐怕一切都已晚矣！前不能进后不能退，正在无奈之际，一位走方郎中自荐要给治病。文武大臣见这位郎中衣衫破旧、手持布幡，幡上写着"妙手回春包治百病"八个大字。文武大臣认为是江湖郎中，怎有真才实学？对他都很蔑视，齐说："我们老爷何等样人，就你这副穷酸相就能给治好？去去，别惊扰了我们老爷！"谁知那走方郎中却不肯离去："人不可貌相海水不可斗量，你们怎么知道我治不好你们主人的病呢？"外面的吵闹声传到了里面卧病的康熙耳里，康熙吩咐让郎中入内诊病。那走方郎中进屋后施过了礼后，说道："看君相貌是大贵之人，至于是谁，我早已知道，我来这里就是为你治病的。"康熙见这郎中衣衫虽然破旧，但相貌清奇，言谈中气充沛，自然生出一种信任感。伸出手，让郎中诊脉。那郎中搭手略把一下，片刻之后说道："贵人这病系思虑过度，连日劳累，又遇酷暑所致，只要服下此药，我保贵人立时即愈。"说完，从药箱里拿出一颗红色药丸。只见这药丸晶莹四射，玲珑剔透，清香弥漫。康熙毫不犹豫地一口吞下，侍卫干着急也没有办法。不一会儿康熙从床上一跃而起，面色由苍白转为红润，缠绵多日的疾病瞬息即逝，较未病前更为精神，还连呼"神奇"。康熙吩咐侍卫端来一盘金子和珠宝，那走方郎中连连摆手："贵人，我来为治愈贵人之疾，并非为讨封赏而来，何况金银于我无用，无论是贵为天子还是贱为平民，我都是分

文不取。"说完转身辞去。康熙赶紧拦住："先生莫走，既然先生不受金银，名字总该告知吧？"那郎中说："悬壶济世走江湖，家在漠南幽静处。一间小屋未嫌窄，门前两棵大榆树。"说完人已无影无踪。

南方归来之后，康熙开始把目光转向塞外。在平定噶尔丹后，康熙又一次来到喀喇沁右旗。当走到今喀喇沁旗牛营子镇时，发现那里山清水秀，心有所动。待走到王营子村附近时，见沃野千里，百姓种的都是药材，所以村名又叫"药王庙"。待到庙前一看，只见一间简陋的小庙，院里院外长着两棵榆树。树围须得数人合抱，枝繁叶茂，占地半亩有余，树龄足在二百年以上。庙内所塑神像正是给自己治病的郎中的形象，郎中临走时那几句话浮上心头：家居塞外，一间小屋，两棵榆树，不就是这里吗？问及村人所供神像，村民说，这是神医孙思邈。康熙方知给自己治病的郎中就是孙思邈。遂下令拨银重修庙宇，再塑金身。村人自然乐意助兴。由两位老人牵头，拆掉小庙，重挖地基，挖地三尺之后，红光突现，再挖下去竟然出现一棵胳膊粗的人参，须眉俱全，活脱脱的一个人形。众人高兴不已，把这棵千年参王献给康熙。康熙喜不自胜，除赏众人金银外，

还把喀喇沁王扎什找来，免除了喀喇沁五年赋税。

新修的药王庙规模宏大，富丽堂皇，两棵古榆一棵在庙内，一棵在庙外。外面一棵，下部凸出一包，四周细枝密布，为阳。寺内一棵，下部凹进，常年流淌细流黏液，为阴。两树相距不足百米，当地村民视其为神树，让小孩子认作干爹干妈，初一到十五，焚香磕头，许愿还愿者极多。

"文革"时期，该庙被夷为平地，两棵树亦被伐掉。据说伐树时，因树内中空，只好一人蹲坐树内，一人在树外拉大锯，方使树木倒下。村内写字台、橱柜都用此木，无论长短，皆是独木，不需衔接。寺顶和旗杆顶上的风包铜也被当作废铜卖给了供销社。（乌力吉搜集整理）

甘苏庙末代活佛

甘苏庙法显寺第二层大殿万佛殿，当中的一间供奉有十三座小木塔。每一塔内存放一代活佛的骨灰，是活佛灵塔。末代活佛佛静是第十四代转世活佛。清光绪二年（1886年）生于宁城县南他卜营子马姓家族。转世灵童五岁举行仪式，被迎到甘苏庙法显寺。曾经过多位高僧传授辅导，精通佛典经法。甘苏庙每逢开大经，十三座寺庙喇嘛全集中到法显寺。活佛坐着由四人抬的

圈椅进入佛殿，升正座在如来佛前下方，东西数排众喇嘛分等次就座。活佛端坐，仪态肃穆祥和，可以一坐半天，身形纹丝不动。诵经膛音

甘苏庙龙石

洪亮，超过众喇嘛，尤显突出。

　　佛静活佛性喜游历，常去处是锡林郭勒大草原，到各寺庙讲经辩法。游走于民间，每到一地，蒙古族民众争相朝拜，磕头祈福。完了敬献哈达、礼物。多是给现钱、砖茶、奶豆腐。每次出游，少则六七个月，多则一年。

佛静虽为活佛，但是其凡心不泯。喜功名，爱玩狗。光绪年间，他花了若干银子买了一个四品顶戴。以前，喀喇沁王去"王子坟"谒陵祭祖途经甘苏庙，都要到法显寺朝拜活佛。自从佛静成为"红顶子"活佛后，每接通报王爷将到，佛静须首先远迎参拜。从而留下笑谈："放着佛爷不当爱当官。"

佛静活佛爱狗出名。大小狗养了五条。两个"炕巴"，不如猫大，跟活佛同吃、同住。三条不同品种大狗看家护院。

由于活佛对庙里的事不管不问，身在其位，而不谋其政，导致佛门运行失序，寺庙日趋衰败。

活佛最后一次到北方游历，一去就是六年。从1946年出走到1952年方归。在此期间，各庙变化最大：历经战乱，各寺喇嘛又群龙无首，有很多人各奔前程自谋生路，活佛门下四位弟子就是典型。

大徒弟他日巴（鲍金财）当兵参加了"保安队"，被收编到傅作义部队。起义后改编到解放军队伍中，转业后，在通辽市食品公司当了干部；二徒弟敖劳卜（郭仁钦）另投师学习藏医，后又自学了中医、西医，成了一名优秀的医生；三徒弟乌老虎，于1946年投"大明字"当了土匪，当年送了命；四徒弟乌振玉，娶了赵家女成家务农。

中华人民共和国建立前的几年中，甘苏庙因各种原因没有下一代徒弟接续而成为绝支的寺庙。

先后有东云寺、吉龙寺、法轮寺等庙已荡然无存了；山云寺、福泉寺二庙有庙无僧。

1952年深秋的一天。夕阳西下，佛静活佛驾一辆勒勒车回到他阔别六年之久的甘苏庙。寄住在亲叔兄弟乌二喇嘛家。此时，他已是残年多病，1954年10月圆寂归西。享年六十九岁。

活佛此后再无转世。（安玉林搜集整理）

玉皇搬家

十家满族乡玉皇庙村以玉皇庙而得名。村中的玉皇庙虽然已经变成一座小山似的废墟，可是玉皇庙村的村名却保留了下来。相传，玉皇庙原来建在村后最高的山上，人称那山为玉皇顶。玉皇顶上的玉皇庙始建于后汉年间，是清朝乾隆年间迁移至现在的位置上的。为什么好好的玉皇顶上建的玉皇庙要搬家呢？

这其中有一段耐人寻味的故事。

早先，玉皇顶上的玉皇庙，香火鼎盛，善男信女到庙里求神祈福，灵验得很。到了清朝乾隆年间，玉皇庙的香火仍然久盛不衰。有一年，乾隆爷去沈阳祭祖路过喀喇沁，在王府小住的日子里，他带了几个大臣扮作老百姓微服私访。因为玉皇庙声名远播，一天，君臣几十人来到玉皇顶山下，拾级而上，进入庙堂观赏。瞻仰完玉皇的神像之后，他们便站在庙前的平台上赏玩山景。当乾隆爷向东南方向望去的时候，一个独特的风水景观映入他的眼帘。顿时，万岁爷只觉得心头微微一震，急忙叫来专司天象风水之职的大臣一同观看。那官员凝神一看，不觉大惊失色，赶紧凑到皇上面前回话。因为微服出行，须掩人耳目，不能三拜九叩，只能近前小声嘀咕。

那大臣低声奏道："我主万岁，大事不好！村庄东南方向三山聚首，是龙脉征象，此乃罕见的风水奇异之象，主该村数年之后必有真命天子出世，再加上西北方向的玉皇庇佑，此人定然会祸乱天下，将对我大清江山大不利也。"

闻听大臣所奏之言，乾隆更是忧心忡忡。他知道，天子者，乃上天之子也。此地有主宰上天的玉皇神像，庇佑着三山聚首的小村庄。一旦有新的真命天子问世，那我这老真命天子岂不是得脱袍让位？老百姓俗语说："皇帝轮流做，明年到我家。"如此，朕当如何？爱新觉罗皇族如何？想到这里，急忙小声问道：

"爱卿，可有破解之法？"

那大臣对着山下村庄仔细瞭望了一番，思忖良久，启奏说：

"所幸真命天子尚未出世。如果此人已经出世，我们即使兴兵灭口，也未见能找得到他。因为凡是真命天子降生，均有将相之才辅佐、保护。现在我们只有在三山聚首的中心建一座庙，或许可以压住龙脉。"

乾隆不解："为何'或许可以压住龙脉'？"

那大臣启奏："如果建庙，必须供奉神祇。然玉皇乃天地至尊，三山聚首龙脉在其庇佑之下，设想在镇压龙脉之庙内供奉何方神灵，方能与之分庭抗礼？故言'或许'也。"

乾隆闻奏，默认无语。又思忖半晌之后，他忽然灵机一动，眼睛一亮："何不将山顶的玉皇请到山下来？请玉皇镇压龙脉，可保万无一失矣！"

果然是"聪明不过帝王，伶俐不过光棍"。乾隆话一出口，随从的几位大臣，无不拍手称赞，齐声压低嗓子衷心轻呼："我主圣明！"

就这样，乾隆立即颁布圣旨，诏令喀喇沁右旗王爷迁庙。谁知道玉皇爷在山上待惯了，不愿意挪窝，当数百人费劲巴力地把神像移到现在庙址的时候，便纹丝不动了。任凭王爷找了许多的高人能手，也奈何不了。如果再强行移动的话，只怕要损毁神像，这得罪玉皇大帝的事情，谁也不敢伸手了。无奈，只好把庙建在现在的位置上。可是，距离三山聚首的中心位置还有一里多地呢！朝廷钦差大臣前来督查，也是无可奈何。最后，又在镇压龙脉的要害位置上，盖了一座小玉皇庙，作为交待。（国占云搜集整理）

灵峰寺石佛的传说

牛家营子遮盖山灵峰寺，俗称"洞山庙"，是因为寺庙的主体建筑以山洞为主，主洞洞壁上又凿有1000余个佛龛，每个佛龛中都供奉着一尊佛像，所以也有人称其为"千佛洞"。主洞半环中央的小洞里，供奉的是一尊丈高左右的石佛坐像。这尊石佛雕刻得形象逼真，栩栩如生，是整个寺庙的核心。当地人都知道，这石佛是与遮盖山连体的。始建庙者在开凿山洞的同时，就地留材，雕刻了这尊石佛。其周密的设计，精湛的工艺，令人叹服。

关于这尊石佛，当地流传着一段传奇故事。

据说当年，来此开凿石洞建庙的是一名年轻的和尚。他云游到此地后，发现了这块宝地。因为山势陡峭，不能盖房建殿，只能凿洞为庙。

这位和尚本来不会石匠手艺，他是在参禅悟道之余，一边凿石开山，一边摸索学习石雕工艺。开始时，只他一个人干活儿，山下村里人知道后，都笑他是傻子、疯和尚。有过往的僧人也惧怕工程量太大，帮几天忙，意思意思就走了。只有这位和尚坚持不懈，等到几十年之后，小和尚变成了老和尚，佛洞终于凿通了。至此，老和尚不仅领悟了佛学的真谛，还成了石雕大师。这时，村里人也改变了对他的看法，由嘲笑变为敬佩。于是，不但有好多人皈依佛门，拜他为师，还有好多施主纷纷到山上来布施，许多年轻的善男信女还帮忙凿石，这就大大加快了工程进度。等到开凿半环形中间主佛洞时，老和尚已经是老得拿不动锤子和錾子了。忽然有一天，老和尚召集徒弟和工匠们来到主洞门前，宣布要在洞中央雕刻一尊石佛。众徒弟和工匠都面面相觑，觉得太难。只见老和尚一改往日老弱不堪的样子，双目炯炯发光，腰板笔直，大步走到洞门，用双手一比画，一尊石佛就赫然矗立在洞中央了。众徒弟和石匠们顿时欢呼起来。等到众人从惊喜狂欢中冷静下来时，发现师父已经不知去向了。人们说，那石佛便是师父的化身。

沧海桑田，光阴流逝，灵峰寺

常年遭受了风雨剥蚀，多次战火的焚毁，匪患的洗劫，几经兴衰荣枯，庙洞外面的牌楼和房舍建了毁、毁了建，被折腾了数次。甚至于连那千佛洞中的千余尊佛像也在"文革"中被破坏得荡然无存。只有那尊石佛千年不改旧貌，依然是那样慈眉善目、和蔼可亲。在21世纪前那个年代里，当地政府允许有信奉佛教的居士捐资修缮洞山庙。如此灵峰寺便又迎来了它的一次新生。然而，待庙宇修缮后，以焕然一新的面貌面对世人的时候，遮盖山下的药乡里却传开了一个颇为离奇的故事。

有人说，灵峰寺的石佛是一件有灵性的国宝。那个修缮庙宇的居士心怀叵测，以捐资修缮为名，行盗窃石佛之实。他们从山体上把石佛割下来，偷运到香港，卖了三百万！然后又做了个赝品放在那里充样子。

消息传开之后，牛家营子这块儿左右附近的老百姓就火冒三丈地聚众到镇政府上访，强烈要求政府给一个说法。镇领导听到老百姓的上访事由，觉得有些匪夷所思。他们马上意识到，揭穿谎言只能让事实来说话了。于是，由政府工作人员出面，组织牛家营子村的老地户村民和周边村的村民代表，集体上山，查验石佛是否被盗。

查验的结果是，石佛并没有被盗。坐在那里的石佛依然是周边村人们从小穿开裆裤时就看过的、并已经看了多少年的那尊石佛，仍与山体连在一起的石佛。

这下，老百姓们的心才放下了。

（国占云搜集整理）

次露坝的故事

在喀喇沁旗十家满族乡长皋沟门的对面，有一山峰，山顶有黑黝黝的石碴子，老远看去，特别像女人的乳头。山的东边有一小山长得和大的一样。这个大点的山叫大次露坝，小点的叫小次露坝。

据老人讲，次露坝的名字，是清朝康熙皇帝取的。康熙当年曾路过这儿，从山下走到隘口敖包旁，已是个个汗流满面。康熙就说："太热了，在这次露次露吧。"康熙的本意是说，因为是山顶四面来风，很是凉爽，叫大家凉快一下。可是随从官兵听错了，以为是给这个地方命名呢，所以就顺口奉承说："次露坝，好名，好听。"从此这个地方就叫次露坝了。这次露坝还真是名不虚传。不管多热的天，山下一点风丝都没有，山上也很是凉爽。另外，这次露坝山虽不高，却打远串空，站在山顶晴朗的天可以直接看到坤兑河、老哈河，还能看到大明塔。所以远近几十里，上百里的人提到次露坝没有不知道的。

　　小次露坝东边的隘口旁有一个方圆几十米，高二三米的石头堆，人们叫它敖包。据老人说，这儿很早以前是条官道，从林东大板北部草原去宁城平泉都要走这条路。因山不高，坡较缓，山下又有泉水，所以不管是商人百姓还是官方都选择这条路。过去有个习惯，过往的行人不管是做买卖的商人，还是官差，或是平头百姓，过往隘口，都要扔一块石头，有钱的也可以扔钱币，祷告一下，祈求一路平安。久而久之，敖包就越扔越高了，前几年长皋村有几个村民农闲时节，凑在一起说，都说次露坝的敖包是古时的官道，过往行人都得扔钱币祷告，咱几个待着也是待着，翻翻看看怎么样，几个人一拍即合，第二天就带着锹镐去了。翻了几天，还真有。每个人都翻得几十枚铜钱，什么年号的都有，锈迹斑斑。找明白人看看确定了这些铜钱有王莽时期，有宋代、元代、清代的。原来这个次露坝还真是古代的官道，并且多个朝代都沿用。（汪景隆搜集整理）

后 记

历时数月，《话说内蒙古·喀喇沁旗》卷，正式与读者见面了。

《话说内蒙古·喀喇沁旗》卷，是在内蒙古人民出版社策划和指导下，由喀喇沁旗委旗政府直接领导，旗委宣传部组织编写的。

在编写过程中，旗政协、旗民政局、文体局、档案局、教育局、经信局、建设局、交通局、农牧局、畜牧局、文广局、旅游局、林业局、卫生与计生局，文化馆、王府博物馆、文物管理局、农工部、赤峰启功书院、乌兰牧骑、作家协会和赤峰市田家炳中学、赤峰建筑工程学校、锦山第一小学、锦山第二小学、锦山三中、锦山五中等单位，给予了大力支持，在此深表谢意。

为本书编写提供文字资料和图片的有侯志、吴汉勤、赵振德、刘朝纯、郑瑞峰、乌力吉、国占云、宋文辉、韩树培、赵忠义、王玉林、李复明、刘泷、马文基、田金波、李凤臻、厉艳秋、李凤举、张义成、白凤斌、梅林、徐寿廷、汪景隆、白凤林、孟庆友、安玉林、徐长林、赵林海、鲍永泉等，以及王桂兰的女儿徐秀珍、孙女徐凤华，乌金宝之子格日勒图，张秀遗孀和国庆，大西沟门村支书马金龙，东局子村支书谭振华等。迟振华、王佳琪参与了文字校对和图片处理。在此一并致谢！

"回望历史""鬼斧神工""民间传说"部分，由申国军撰稿组编。侯志、于学双、吴汉勤、宋文辉提供了诸多史料并作了初审；国占云为"鬼斧神工""民间传说"部分，作了组稿和初审。"杰出人物""当代风采"部分，由汪中有撰稿组编。"民俗风情""风味特产"部分，由乌力吉撰稿组编。刘泷为全书统稿。

《话说内蒙古·喀喇沁旗》卷，内容虽然涉及方方面面，但限于篇幅，还未能充分展示喀喇沁旗的成就与风采。更因为我们水平有限，不足与疏漏之处在所难免，恳请专家和读者指正。

《话说内蒙古·喀喇沁旗》卷编委会

2016年12月